对话伦勃朗
Conversation avec Rembrandt

对话伦勃朗
Conversation avec Rembrandt

François Debluë

［瑞士］弗朗索瓦·德布吕埃 著 麻艳萍 译

南京大学出版社

图书在版编目(CIP)数据

对话伦勃朗 /（瑞士）德布吕埃（Deblue,F.）著；麻艳萍译.—南京：南京大学出版社,2010.10
ISBN 978-7-305-07630-5

Ⅰ.①对… Ⅱ.①德… ②麻… Ⅲ.①伦勃朗,H.（1606~1667）—人物研究 Ⅳ.①K835.635.72

中国版本图书馆 CIP 数据核字（2010）第 188691 号

François Debluë
Conversation avec Rembrandt
Copyright © Éditions Seghers, Paris, 2006
Simplified Chinese edition copyright published in 2010 by NJUP
Through Garance Sun Agent Littéraire
All rights reserved

江苏省版权局著作权合同登记 图字：10-2008-304 号

出版发行	南京大学出版社
社　　址	南京市汉口路 22 号　　邮编 210093
网　　址	http：//www.NjupCo.com
出版人	左　健
丛 书 名	精典文库
书　　名	对话伦勃朗
著　者	［瑞士］弗朗索瓦·德布吕埃
译　者	麻艳萍
责任编辑	赵　丽
照　　排	南京玄武湖印刷照排中心
印　　刷	南京京新印刷厂
开　　本	880×1230　1/32　印张 7.125　字数 127 千
版　　次	2010 年 10 月第 1 版　2010 年 10 月第 1 次印刷
ISBN	978-7-305-07630-5
定　　价	24.00 元
发行热线	025-83594756
电子邮件	Press@NjupCo.com
	Sales@NjupCo.com（市场部）

＊ 版权所有，侵权必究
＊ 凡购买南大版图书，如有印装质量问题，请与所购图书销售部门联系调换

献给你,哈尔曼之子,
以表示我的感激之情

"疑问始终存在。"

C. 杜迈

目 录

序言

第一章　童年结束/1

第二章　接触世界/10

第三章　询问/13

第四章　乞讨/33

第五章　吸引？/40

第六章　优雅/47

第七章　什么更隐秘的痛苦？/52

第八章　控制/58

第九章　爱抚/62

第十章　差距/67

第十一章　衰老/77

第十二章　拜访/84

第十三章　死鸟/90

第十四章　代价/92

第十五章　沉默/98

第十六章　财产清单/103

第十七章　孤独/114

第十八章　审判，被审判/116

第十九章　自省/119

第二十章　美的责任/127

第二十一章　笑，哭/133

第二十二章　最后的快乐/141

第二十三章　风景/144

第二十四章　旅行/147

第二十五章　接近/153

第二十六章　面对面/170

第二十七章　无知辩/185

第二十八章　告辞/189

第二十九章　永别/201

伦勃朗传略/205

备注/208

弗朗索瓦·德布吕埃作品录/209

序 言

你属于一个有着钟楼、排钟和小酒馆的城市,一个虔诚与放荡并存,秘密祈祷和喧哗不敬同在的城市。

我属于一个有着令人感到沉闷的肃静和暗地私语的城市,一个有着令人沮丧的冷漠和深深掩盖起来的罪恶的城市。

你属于一个有着运河和广场,肥胖的女人和地势低洼的小巷的城市。

我属于一个有着海滨、丘陵和斜坡道路的城市。少女们往往苗条又可爱,但其他人就没这样的运气了。

你属于一个丑闻爆发而艺术事业繁盛的国家。

我属于一个遮盖丑闻而艺术家们即将不再产生的国家。

在这里,一部分人的事业比另一部分人发展得顺利,但另一部分人的数量却更多。

三或四个世纪的时间把我们分开,你和我。表面上看是这样。

然而三或四个世纪的时间算什么?甚至表面看也不重要。

人是受同一个时间支配的。

快乐和痛苦没有年龄。

改变的只有形式和数量。

数据和统计不再相同,但差异并不大。

暴力和享乐没有改变。

死亡,也没有改变。

三或四个世纪的时间把我们分开。

但是你对我说话。

而我也对你说话,就像和另一个我说话。

第一章　童年结束

你从没有在你的脸上用过如此之多的阴影。

你不到二十二岁。

你最初的自画像，蚀刻铜版画，不多。一个无畏的男孩，有点爱抱怨，你俯身看着镜子，头缩在肩膀中，仿佛在竭力回答学校老师的问题，在那些日子里，你没有完成作业，因为你觉得生活中还有更美好的事。

头发散乱，你看着面前的对手——其实你是在向你自己、向镜中的你发出挑战，你专注于如毛线球般的你自己，准备着笑，准备着发怒，更准备着前进，总之，一切都准备好了。

对于你的童年，人们将一无所知。

人们将猜测，猜测而已。

人们将收集到一些猜测。

但没有任何作品能够证明这些猜测,永远不能。

在画中,人们可以通过柔软的耳垂、柔软的面颊发现已经消逝的童年痕迹,几乎难以寻找的回忆。

你的童年已经结束。

你不会拖着脚步,白白浪费青春,这不是你的性格!

你的性格是前进。急躁的情绪啃噬着你。心甘情愿地,你焚烧了宿营地。

你没有彻底焚烧它们。你全速越过了它们。

你不能浪费时间。

你的老师们,你给予他们应得的尊重。从他们那里,你学到了必须要学的东西。从他们那里,从你的父亲、母亲、兄弟姐妹,还有你的伙伴那里,你学到了他们能够教给你的东西。

现在,这些足够了。

你的独立,你不需要费力去祈求:你已经获得。你敢于炫示独立,从此,你知道你能够展示独立。

你的面孔,你已经不再满足于去雕刻,你开始画。木版油画。对你而言,几种颜料足矣。对你的一生足矣。

你已进入事业的重要阶段。

画中,你的头部占了主要位置,还有你的肩膀。没有其他任何描绘。一束强烈的光线，从后方照在你的脖子和十分新鲜红润的面颊上，有着迟迟不愿离去的孩童时代的粉红色。

你最初的版画很小。现在，这幅自画像还是很小。仅仅比之前的版画大了四到五倍。

你无所畏惧。

你不久将满二十二岁。你在前进。当你在工作的时候，什么也不能使你分心。

你聚精会神。

太阳还没有升起，你已经开始工作。

你让一抹明媚的阳光照亮你身后的灰泥粗墙。

而你，你待在阴影里。

阴影适合你。

阴影保护你。

观众看不到你的眼睛，但能感受你的目光。

阴影赋予你一种温和而睿智的气质，这种气质并不总能在你身上看到。

你年轻。当然很年轻。

你的面颊光滑、红润，还保留着最后一丝童年的痕迹。

你的头发闪耀着金、铜合金的光芒。

柔和的光线沐浴着你的脖子，照亮了衬衫的白色领子。

你已经触摸到完美。再没有比这更危险的情况！下一次你要画得一样好,甚至更好;再下一次,更好;要一次比一次好。风险是很大的。

飞得太高的鸟儿很可能被灼伤翅膀,摔到地上,再不能飞翔。

人们预言你将成为大画家吗?

无论如何,人们可能预示你将有一个智慧而美丽的职业,一个年轻而富有魅力的职业。你的身上有这样的征兆。

更富有经验的智者也许能预言得多一些。但是,这是欺骗时间。欺骗历史。

事后预言总是容易的。历史学家就是出名的算命人:在每一个历史时刻,他们向你解释未来;据说他们能够预言我们的结局,却装作什么都不知道。他们在假装——假装前进,其实只是在时间的圈子里来来回回地走,他们想试着走不同寻常的路。他们是不为所知的小说家。真正的弄虚作假者。他们十分清楚一切应该如何结束,却不让任何痕迹流露。

关于你的命运,我还不知道任何细节,但我略微知道一些你的脸将来会变成什么样子。

现在,你还不到二十二岁,但是,我看到了二十六岁的你,那是在格拉斯哥;我看到了三十四岁的你,那是在伦敦;我看到了六十来岁的你,还是在伦敦,还有伦敦附近的健伍德[①];我看到了不同

---

① 健伍德(Kenwood),英国地名。——译注

时期的你,在维也纳、纽约、巴黎,还有阿姆斯特丹、慕尼黑、卡尔斯鲁厄①;也许,我还将在上述地方中的这里或者那里看到你,或者再次看到你,在那些地方,人们会一直保留你最后的住所。

如今,我略知你的面部特征,以及时间在你的脸上留下的变化。

有很多次,我遇见你。

你和我说话,你对我说的话有时令我泪水盈眶。

但我们的对话才刚刚开始。

我沿着你的生命旅程漫步。

我不是历史学家。

我和你的相遇是混乱无序的;对你的生命时间而言是无序的;对我的生命时间而言也是混乱的,是偶然的相遇。

一旦和你的目光相遇,便无法忘记这目光。

我是有如此运气的人。

我随意徜徉在你生命的各个年龄阶段。这是活着的人较之逝去的人的优势。但是,亲爱的伦勃朗,我认为你没有逝去。你甚至

---

① 卡尔斯鲁厄(Karlsruhe),德国城市。——译注

比一些活着的人更有活力。

而且,你还会向我提出异议!仅此一点就可以证明你还活着。三或四个世纪的时间什么也改变不了。

每一次相遇,我们都将交谈。

刚才,我们中间的一个比另一个更加健谈。我的话有些多了,唉。我请你原谅。

你,至少从不说废话。

我觉得你生性不爱说话。我看到你爱赌气或者比较冷淡。但你从不浪费你的言辞和时间。

有时,你对我谈起你。

你常常向我提问。

我尝试着回答你的问题。

对我而言,一次相遇的时间常常是不够的。

我们要另寻机会继续对话。

我也向你提问。

你也回答我的问题。

你所对我说的，可以算是人的内心经历。最平常的经历，但仍是最珍贵的经历。

你照亮了我的人生之路，亲爱的伦勃朗。你是帮助我生活下去的人。这并非微不足道的小事！

从你的身上，我看到了自己。

人类的历史并不足以让我看清楚，无论是别人的经历还是我自己的。

我考问人类的惨剧、战争、家庭暴力、集体放纵。我考问他们的勇气和不公，他们的征服和破产，他们的失败和功绩。我徒劳地观察、考问、收集情况，我无法看得更加清楚。

你在阴影中。

我转向你的阴影，你的明暗。

我试着在你的阴影中待一会儿，片刻功夫。

你没有赶我走。

在寂静中，你接待我。

在寂静中，我待着。

有时,从这寂静中引出了话语,正如你画的阴影中产生了光线。

在你身边,我感受到了纯美的寂静。

第二章　接触世界

尽管你爱着母亲、兄弟、姐妹、朋友和童年伙伴，你还是离开了他们。你离开了童年的城市，去了首都。你将一直待在阿姆斯特丹。

你离开出生的城市时，父亲已经去世一年了。你的一个兄弟接管了家族的磨坊。而你这颗种子，属于另一个品种。

你母亲已经老了。

你描绘了她刻着深深的皱纹和痛苦的脸。你充满感情地描绘了她，正如你描绘了你父亲的脸和他操劳过度的身体。

当你和母亲告别时，你知道也许将不能在她在世时再次相见。

然而你还是离开了她。

你把她的记忆放在心里。她的慈爱、坚强和衰老的形象。

你还带走了她的爱的方式：最难仿照的爱。

你急于去接触世界。

在这座你还不了解的首都城市里，你寻找自我，迷失自我，找到自我。

这座城市还不知道你。

你利用这一点让自己好好观察而不被别人看到，让自己好好行动而不被别人发现。

你利用了这一点。

姑娘们，有些姑娘们，是轻佻的，而你并不缺少魅力。你受到吸引了吗？

然而生活并不容易。

找到自信，也不容易。

这座城市有上千个小酒馆。

这里不缺酒鬼，也不缺让自己放荡的机会。

你初出茅庐。

空气中混杂着香料和死水腐败的气息。小船在运河里航行，水手们在港口忙碌。你，你在匆忙找到的工作室里工作。

你的进步很快。

人们惊讶于你的天分。

你勤奋工作。

你在前进。

你迅速地远离了童年,如同你离开故乡来到首都的速度。仅仅数天。仅仅数月。

第三章　询问

二十三岁,大好年纪!我知道,正与你说话的我,也知道!

人们告诉你并且一再对你重复着:"你正值青春年华,你人生的路还很长!"哪个老人不说着类似的话?

然而,对于这类意见,你毫无兴趣。你能从这些意见里得到什么益处呢?

"青春!人生之路!"你当然想要,但是这些对你毫无用处。

你礼貌地听着,但不感兴趣。"人生之路"只是一个有些空洞的形式,一个抽象的概念,顶多是一个算数的真值,一个不实际、没有用处的概率。

二十三岁。你感兴趣的,是当下,是现在,是不再等待。而对于你,这并非始终是一件轻松愉快的事情,不论对你唠叨的老人们如何想。

"轻松愉快的事。"他们记住了他们所失去的,但是,他们忘记了二十岁时的苦恼。

二十三岁。你不满意你的现在,如何能不为你的未来焦虑?谁又能知道你是否还能维持下个月的生活?谁又能知道明年的你是否还活着?不断生病,还有传染病。你是否因哀伤而日益憔悴?只因那些你爱的人离去?要经历这样的疑惑,这样的慌乱,完全不必等到年老。而这,对你唠叨的老人们已经忘记了。

你,你预感到了。

面向未来,但要屈服于当下。

你的绘画才能是否有一天会被众人所知?多年前你已预感到这才能,而你的朋友和老师们已看到了你最初的作品。你是否有一天能够显露父母期待的才华?你能征服顾客,赢得好声誉吗?获得声誉需要漫长的时间,却可瞬间被毁——况且竞争不断。

你能使大家信服你的才华吗?当然,首先是你对自己的价值,也就是说对你自己存在的合理性有信心吗?

可以确定的是,你对自己的看法已经发生了改变。彻底的改变。仅仅数月便已足够。

没过多久,你给自己塑造了一个宁静从容的形象。那种还带有孩子气的喜悦,那脸庞的圆润,开始消失。脖子柔嫩的皮肤也看不见了,取而代之的是一件上衣和年轻人的衣领。阴影依旧保护着你的目光,如同局促不安的女孩们用刘海遮住她们的目光。但是,亮的部位已经多了一些:暴露在我们面前的不仅仅是脸颊和耳垂了。你的鼻子显露出来,你的嘴唇微开。仅仅是由于惊讶吗?还是渴望讲话,或者接吻的表示。

你的脸颊还是红润的。这样的红润不会持续太长时间了。你的头发多而轻柔,很顺滑。嘴唇上方有了胡子的影子,刚刚长出的胡须还不足以使你成为成熟男人,虽然你焦急地盼望着。

在你一心一意想着描绘自己的脸之前,你用了很长时间观察脸上生出的胡子。你看着自己的童年静静地远离。你觉得童年的离去太慢了。你渴望脸颊和下巴长出坚硬而反叛的胡子。你闭紧双唇。你仔细检查着每一个最细小的变化。双唇紧闭,你沉默着。这不是受了伤害或者责骂的孩子的顽固的沉默,人们再别想从他们那里得到一个字;这也不是痛苦思考之后的严肃的沉默——你还没到这个阶段。不是的,这是一种平静的沉默,是一种因无目的的遐想而造成的沉默,一种纯净的期待的沉默。这是有着美好期待的年纪。

一年,也许是两年以来,情况发生了很大的变化。二十三岁!头朝前倾,脖子紧绷,头更加重了,面颊没有那么圆润了,比较长了,被光线照射到并显露出来的部位更多了,现在,你朱红色的嘴唇和鼻子也出现在光线中,人们清楚地看到童年已经远去。再见了,二十岁时候的苍白、依旧单纯的皮肤。

你的目光在阴影中观察着,带着一种坚毅。你的嘴唇微开,似乎呼吸困难或者要提出某个新问题。你要讲话吗?还是继续沉默不语?这是个疑问——这个疑问将一直持续。除你之外,这微张的嘴给所有人一种被围困在隐形玻璃缸里的鲤鱼的感觉,又仿佛遇到了某个看不见的困难而陷入尴尬的傻样子。而对你略有了解的人很清楚其实什么也不是。世界令你惊奇。你看到暴力、不公、卑鄙。无需二十年的时间让你发现这些,你现在已经开始采取措施,每天都有的、令人不快的措施。人类的虚伪、贪婪、内心的痛苦,一天天在你面前铺陈开来。这其中有令你忧伤和惊愕的东西。你看到人类的苦难,并且知道了乞丐和穷人并不是唯一的可怜人。对于那些恶习,你观察着,猜测着。你有怀疑。你觉得是可能的。你不谴责。但你对此更加怀疑。

你观察着。无论何时何地,你观察着。有很多令你惊讶的东西。但是你不愤慨。你不会把时间浪费在徒劳的反抗上。你不急于评判这些。你要试着了解这些。你估量着。你立刻就明白了,这才是你做人的职责,你也明白了,这才是你作为艺术家的职责。

评判和谴责留给道学家、乌托邦主义者和短视的说教者。他们宁可要他们的伦理道德和整套体系,而不愿做慈善事业。慈善,他们恐怕是做不来的。

你不评判,你观察。

同样,你也不考虑宽恕的问题,无论什么事什么人。宽恕,其实是自认为高人一等。

你不认为自己优于任何人——除了几个平庸的画家。他们画不好不是错误,也不是卑鄙。他们的平庸源于笨拙。你观察他们。你并不鄙视他们。你只是有些同情他们。你不谴责他们。

巧妙纠缠在一起的头发下面,在自你面部上方倾泻下来的阴影中,我几乎看不见你的前额,人们几乎无法猜测你抬高的眉毛下的眼睛。然而,你的目光穿过阴影。敏锐的,忧郁的,全神贯注的目光。谁能避开这目光?

谁看不出你在询问?谁看不出你在期待从他、从我、从我们所有人这里得到一个回答?

"看着我的眼睛!"

你从遥远的背景中走到我们面前。

从远处突然间如此逼近,你在查看。

众人的疑难问题,众人的心中阴影,你把它们变成你的。

但是,确实是你在询问吗?亦或是众人在询问你?

在此,和你在一起,不再是彼此的询问。

在此,和你在一起,是询问的终点。

任何哲学家、任何学者都无法回答。任何人。

在此，我们知道不会有完美的答案。以前的回答将不再流行。

各人都得自力更生。在生命中的艰难时刻……

你询问。你自问。

这并非发生在今天。

从你能回忆起的时候开始，你一直在观察，一直在询问。

你最深远的记忆，不是你的孩提时代的一个插曲，不是某一个趣闻，而是你的第一个"为什么？"

你还不懂得绘画，不懂得构图。你还处于只会涂鸦的年纪，然而，此时，你已经预感到社会的疑问和你自己的疑问。

第一个"为什么"提了出来。其他的，无数的"为什么"接着被提出来。

当然有些为什么将会有些回答。

你父亲将回答几个问题，如果他有时间，并且有心情不怕麻烦地回答你。你母亲也会回答。她将比你父亲更乐意回答。她不怕问题。她的信仰无疑为此提供了帮助。她的信仰，还有女性的稳重。她愿意回答孩子们的提问，如同她给予他们生命。她不会避而不答。但是，有时候你对某些回答并不满意。你发现了暴力、恶行，这是当然的，但你也发现了死亡，就发生在你身边——这并非抽象之事。

他人的死亡,和悲伤。

你的也一样。因为你明白了你不会永生,你也不能。时间存在着。一个终点存在着——万物都有终。

你父亲已经离开了这个世界,唉。

你母亲将很快追随他,即使不能算是和他重聚。

你的八个哥哥和姐姐中间,也有几个已经死了,你看见了他们,你看见床上他们苍白冰冷的尸体,由于气味难闻,人们把他们的尸体靠窗摆放,而你也知道你自己也会死,某一天,你不知道是哪天。

问题开始了。

不仅仅是关于日子和时间的问题,还有关于怎样做的问题,和伟大的"为什么?"所有这些问题很快归结于一个问题,甚至变成了焦虑。

问题开始了,问题将不会停止。那时你大约三四岁。现在你二十三岁。正值青春年华。你还将活四十年。时间和所谓的经验对你毫无改变。

问题在继续。

问题就在那儿,它探究着我们的生活——然而穷其一生也不能解决问题。

你与男人们、女人们的目光相交,他们也一样,在询问你。

你从他们的目光中看出相同的疑虑,相同的情绪——是他们帮助你生活下去。

但为什么你微开的嘴唇有着如此的红色?是上了颜料,被画家化了妆的效果吗?或许更可能是因为你紧抿嘴唇的时间太长了?

我也紧闭着双唇。别人给我指了出来。

"放松!"他们对我说,"放松!"

焦虑,没错,是对明天的焦虑和无法把握,你的母亲、兄弟和姐妹,还有你的朋友们,他们都日渐衰老,他们的生命脆弱而单薄,你的也一样,在小区、在城市、在整个国家、在各地,疾病和死亡随时准备着扑向它们的猎物,或早或晚而已,有时候过程是漫长的,但它们总是准备着以满载的炮兵部队破坏、摧毁它们的猎物。根本无需战争和传染病,在死亡面前,甚至军队也只能以闭嘴和失败告终。那时,你母亲忍受着痛苦,却非常勇敢,她日渐老去。她脸上的皱纹和褶子,你不仅仅把它们刻在了铜板上,还刻在了你的记忆和心中。在你开始画你那年轻人的头发时,她是不是还活着?你不知道。但是,你忘不掉她那双苍老的手,忘不掉你爱着的她那干瘪多皱的皮肤,还有那么多次看向你的目光。

21

然而，这些都远去了，这目光，已经离开，躲进了满是皱褶的眼皮里，深陷于眼眶中，你几乎看不到这熟悉的目光，你母亲的目光。

你转过双眼。"太阳或是死亡……"你将不再长时间地询问，你眼中的母亲的目光。你转过头去，停止了作画和回忆。你离开椅子和画架。你走近窗户。一个强烈的愿望产生了，不是画别的面孔的愿望和需要，而是对风景的渴求和需要。

你脱掉工作服。急匆匆地出了门。几乎来不及洗手。你不惜一切代价要再看到树木、道路、阿姆斯特丹港的船只、成片的桅杆、你生活的这座城市中运河里静止不动的河水、来来往往川流不息的男男女女、他们的面孔、漂亮女人的诱人身体。你沿着马路走着，通过一座座桥梁，穿过一个个设有集市的广场。你放慢脚步。你仔细地看一些织物，闻各种气味，有时候在讨价还价中自得其乐。你的好奇心是难以满足的，你对生活的渴求也是不可遏制的。这些与你交叉而过的男男女女们，你愿意感谢他们。感谢他们在这里，就这么简单；感谢他们的存在。他们的存在使你感到安心。存在就是生命的本来味道。他们中间很多人是粗俗的，也许很愚蠢，很少得到大自然的恩宠。这又何妨！你不是在一个博物馆里散步，而是在这座城市的马路上散步，你每天使自己更加融入这座城市，你喜爱这座城市，而且你知道你从此不会离开这座城市。

你的脸孔，你将继续画下去，但要在晚些时候。没有什么着急的事。你需要畅快呼吸。

你的脸孔,你必将再次描绘:你开始创作的画像还没有完成。

你的脸孔,最不受拘束的绘画对象,也许是最熟悉的绘画对象。然而对你而言,是最令人迷惑的。

二十三岁！在那个时候，你保留在自己身上的，还是几缕照射在未经梳理的乱发上的橙黄色光线，你总是不愿费力去驯服这满头的乱发。

现在，你却在照料这头发。

在你身上，粗野的性格与最精巧的技艺混合在一起。

你的性格，是由这两种特质组成的。

虽然你还没有清楚地认识到这一点，但你已经预感到了，你已经隐约体会到了：你的整个人生将由这些对立的事物组成，而你不会试图去调和它们，甚至不会掩饰它们。你的整个一生，都用于使它们重合在一起，激情和文雅，刚毅和温柔，玩笑和忧郁，将会始终相互滋养。粗野而精巧，是的，这些照射在头发上的黄褐色的光线是这样的，这些褐色、赭石色和红色的用色手法，这些将永远不离开你的调色盘的阴影土色，都是粗野而精巧的。

然而,一个疑惑始终存在,是你对自身的怀疑:谁能准确地料到自己是无知,还是聪明呢?在生命的最终时刻,谁能料到淳朴或者无知哪一个会占上风呢?

眉毛竖着(要仔细看,在阴影里),眼睛睁得大大的,你感到吃惊。
是我的出现让你吃惊了吗?
还是在你突然转身面向镜子时看到的你自己的样子?

吃惊是思想的第一个反应,是心灵的第一个反应,是聪明才智的开始。
一幅完整的作品勉强能说明令你吃惊、令你慌乱、令你焦虑、令你狂喜的东西。
学者、诗人、音乐家也一样,会感到吃惊。

二十三岁。头和上半身从侧面和斜前方向前倾。
脖子和肩膀紧绷着。
这还不是对立。
公开的对立还是以后的事。

但是,要想像你现在做的这样看清自己,要想转向你、我,转向所有在你面前驻足的人们,还需要一种确信无疑的勇气。

你不缺这种勇气。

不过,请不要担心,我不会向你讲述你的一生。不会向你,也不会向其他任何人讲述。关于某个人的一生,传记只能给我们一些泡沫,一些表面的波浪的印记。重要的部分几乎讲不出来,主要的事情也没有。童年,幼小童年,没有。而那些隐秘的激情也一样,总是会从网中漏下,总是能躲过最机灵的密探的猛烈追击和计谋——他们几乎都是关键内容和闲话的爱好者。

你的生活,你了解,比任何其他人都了解。别人满足于了解你的人给他们提供的一些消息。最了解你的人是真正的侦察兵!

我要询问的不是你的生活,而是你脸部的线条。它们不仅在向我讲述你,也在讲述我,和所有你看到的人。

遇到你的人,停留在你前面的人,很快会明白:他将自省。

他将不会躲避自己。

我要询问的是你的脸,不同年龄的脸,不同阶段的目光。

我对你说话。无拘无束地说话。
正如你也如此和我说话。

如果别人无意间碰见我们在对话,并且要聆听我们的对话,无论是你还是我,都无法阻止他们。
况且我们没有任何要对他们掩藏的。
目前,唯一重要的是,我们的对话可以进行下去。

二十三岁!

青春年华?对于正值青春年华的你而言,这没什么重要的。今天早上,你感到有些气闷。在去画室之前,起床的时候,你看到镜中自己消瘦的面庞和苍白的脸色。你感到双腿虚弱无力,呼吸困难。你睡得不好,一直睡得不踏实,不停做噩梦。大清早,你便感到很累,觉得自己已经老了。也许年纪还不老,但其实还是老了。你体会到你的生命是如此脆弱,总是受到威胁,仿佛你已到了那些一遍遍对你唠叨着珍惜青春的人的年纪。那些人,谁知道他们是不是感到不可能像你这样年轻了呢?

人常常会在一天之中数次感觉年龄变化。这不是日历的问题,也不是医学的问题,而是心情使然。如果小有运气,你知道你将可能在一天中显得更年轻。对你而言,早上从来都是不顺的。

晚上，你才感到重新振奋起来。从现在开始到晚上，你将刮胡子，喝咖啡，一杯、两杯、很多杯——你已经对这个新发现的饮品感兴趣了！——你的脸色将恢复红润，你将吞下某些能够给你一点能量的食物，你将走出家门，感受大海的气息，仔细观察天上的云彩，清新的空气使你重获生机，你的眼睛又变得有生气了，你准备好了，要开始进入新的工作阶段。

夜晚来临了，你几乎无法停止工作。

在重回寂静的画室中,你对着自己创作自己的画像。

这样的工作并不是每次都让你高兴,但你没有选择。

你考虑好了如何处理阴影和光线。

这就是你要努力的。这是最困难的。这是你直到生命尽头都要努力的。这,你已经知晓。

你还创作一切没有预见和不可预见的事物。

面颊,嘴唇,下巴。

你的目光在这个下巴上稍作停留。

你看着它,仿佛你从没有看过。

我一样,也看着这个下巴。

我看到它有一点点肥。你的体重,你不知道。你不会永远不知道。那喀索斯①,他,还没有一朵花重,这是因为他意志薄弱。甚至欲望的重量他都没有感受过。他爱的只是水面上的一个影子。毫无重量。他只是纯粹的自恋者。

这不是你的脾气,也不是你的性格。

某种东西令你非常不安。

这可以从你弯曲的背、沉重的头、松弛的下颌看出来。

他们在徒劳地对你说你很年轻,这个早上,你实在不知道他们在说什么。

二十三岁!我也有过这个年纪,正在对你说话的我,是的,在我生命中应该有过一次,我也有过。

然而,在那个时候,我也所知甚少。除了焦虑和不确定性带来的负担。

在每个街角,我感到头晕目眩,差一点晕倒。我要死了吗,在那儿,在所有那些匆匆赶去上班的行人眼皮底下死去吗?在他们惊讶的目光中,我躺在地上,已经只剩一半意识了,我怎么办?听

---

① 那喀索斯(Narcisse),希腊神话人物,美少年,爱恋自己在水中的倒影,最后憔悴而死,死后变成水仙花。——译注

到他们的议论,看到他们考虑如何在过马路的时候避开这具沮丧的身体,看到他们不耐烦地要尽快逃离这死亡的画面,死亡是任何人最终无法逃脱的,我怎么办?

二十三岁。

在广场上最豪华的饭店里,我最好的朋友在举行婚宴,我作为证婚人坐在一张巨型桌子的上座,却无法品尝丰盛的食物,反而依然感到要晕倒。我借口大厅太热令人窒息,请人打开我身后的窗户,如果可以,我早就逃跑了,远远地逃离这些欢声笑语,远离这些水晶器皿、陶瓷餐具和银具的碰撞声,我要尽快呼吸自由的空气,我要喝牧场的葡萄酒,心甘情愿地从人们的视野中消失……

几天之后,在C城堡举行的一个晚会上,我不得不被送到一个僻静的房间。我脸色苍白,浑身无力。我需要空气。然而,在这座巨大的中世纪城堡中,缺少的并不是空气。

人们把我平躺着放在一张床上。但,我不是因为喝多了而醉倒。你可以相信我!尽管我曾经喜欢过这些享乐!深夜里,我躺着,没有一丝力气,远离餐桌和晚会大厅,在那里,与我同龄的人们正在享受晚会。他们喝着,吃着,唱着,跳着。这是他们这个年纪干的事。这也应该是我这个年纪干的事。

我看起来不像他们的年纪。

我需要很长时间才能恢复活力。

现在我在和你讲我的生活了。

我不确定你是否会对此有一点点兴趣。请你原谅此时我的分心。

再见。

第四章　乞讨

他坐着。

坐在马路边上,台阶的最底下一级上,一座教堂的影子里,还是一棵孤独的大树下面?有什么关系!在那里或别的地方,他没有选择。他的双腿无法带着他走得更远。

他再不能。

他的腿很重,很疼。

他的头也很重。

他呆在那里,肩膀和背很疼。

他的肚子很疼。

他完全成了一个疼痛的集合体了。

仅仅是因为饥饿吗?仅仅是因为年纪和虚弱吗?谁知道?

如果他有力气,他会伸出胳膊。

他再没有勇气,也没有力气了。

胳膊弯着,放在膝盖上。

他能够分开手指已经很不容易了,能够让人看见他的手掌已经很不容易了。

谁会停下来?

他甚至不再感觉羞耻。

羞耻,和其他所有情感一样,他都已经累得无力体会了。

谁将在他旁边停留?

那是数十个、数百个和他一样的人。

你看到了几个,上帝每天都在制造着这样的人,如果说有一个贫苦人的上帝。

你肯定熟悉他们:他们总是在那里,在同一个区域,同一个地方。其他人你不熟悉。也许你明天会看到他们,也许你永远不会看到。

他们的人数成百上千,从各个地方不停地钻进我们的城市、我们的街道,仿佛他们一直在往城市里钻;他们甚至来到了这里,仿佛他们一直在往这里来。

他呆在那里,是的,许多人中间的一个。仅仅是许多人中间的一个。

他们之间并不互相交谈。

他们之间常常打斗争吵。每个人都要保护自己的领地。

他们几乎什么也不乞求。

慢慢地,他们滑入贫穷的深渊。

谁能停止?

指望自己停止滑入贫穷的深渊不如依靠他人的施舍。

他,人们看到他在一个小酒馆的桌子旁坐下来,他在那儿待的时间比其他人都长,喝的时间也比其他人长。他有时间,他还在喝,小口小口的,想让持续的时间长一些。这也是为了抵御外面的寒冷。

除了小酒馆的女招待和老板,谁也没有注意他。再喝一口,最后一口,然后慢慢地离开,和他来的时候一样。然后,他就不能再坐在桌旁,不再敢坐下来或者在桌旁停留,他再也无力支付这奢侈的享受。他只能带着躲闪的目光,在酒吧里站着喝一杯,然后,他再不能踏进酒馆的门槛,不再熟悉任何人,也不再被任何人所知道,人行道很快成为他的新庇护所、新家园,人行道,或者楼梯的台阶,或者教堂的阴影处,或者树脚下。两腿越来越无力,有一个避难之处就是奢侈了。混合了汗水和酒精的气味久久不散,呛人的贫穷气味,皮肤和破旧衣服的气味,那上衣和裤子满是污迹和黑点,因为污垢和磨损而发亮。

他如何能站起来?

他还为什么站起来?

他再没有力气也没有意愿站起来。从此,伸出胳膊对他也已是一个难以逾越的考验。

他不再伸出胳膊。

他将不再言语。

甚至在浓密的胡子中咕哝几个词也不会了。

"两个法郎""一个盾①""今晚睡觉""吃饭""请",甚至这些词都说得太累,最终也消失了,如同唇间抽完的雪茄熄灭了。

他坐着。

胳膊弯着靠在身旁。

疼痛的身体。

手只能微张着,手指漆黑而麻木,很长时间了,他自己都觉得这手很陌生。

---

① 盾,荷兰银币名。——译注

嘴巴微张,露出坏牙,嘴唇下垂,一字不说。一阵阵疼痛像针扎似的,他需要极大的努力才能闭上嘴巴。

从他面前经过,你还能不清醒吗?
他待在那里,一动不动。
他的鞋子布满洞眼。双脚很疼。背也疼,肚子也疼,双腿沉重无比。疼痛不停袭来,从不预先经过允许。不久以前,还有些快乐时光;他也希望快乐不断出现,有时候甚至是粗暴地要得到快乐,但是,快乐退去了,所有伴随快乐的娱乐都随之退去,没有留下任何痕迹;只剩下痛苦,于是痛苦不再感到局促不安,越来越自在。
一个身体,仅仅是一个疼痛的身体。
只剩下皮肤,骨骼和神经。
只剩下一个庞大的躯壳。

手掌微微张开。
明天,他将不再向任何人乞求。

他待在那里,与其说是坐着,不如说是瘫在那里。
他的眼睛甚至不再透露他的不幸。
从他的眼里,只能读出疼痛,和竟然沦落至此的惊讶。

你的眼睛看到了他的眼睛。

他是否也看到了你的眼睛？看向他的男人的目光？不对他进行评判的目光？

你停下来。

离他不是很近。

不要打扰他。尤其是，不能侮辱他。

你本想和他交谈。

他却无话可说。

于是，你只是停下来。

他的眼皮重又垂下。他是否注意到了你的出现，或者仅仅是因为疲劳。

你走远了。你始终对怜悯之心——这种慈善的夸张表现——抱着怀疑的态度。怜悯使我们显得比受怜悯对象优越。

你宁可走开。

你沿着原路往回走，朝你的工作室走去。毫无疑问，对你而言，最好还是工作。

你将开始工作。

你无法忘记他的形象。

在傍晚的寂静中,你利用夕阳的余晖作画。没有愤怒,也没有悲伤,你也坐着,开始工作,在你面前的工作台上放着一块铜板。

你用锋利的刻刀快速地雕刻这位男子。你没有剥夺他一丝一毫的尊严。

你不是把目光借给了他,而是给予他。

你把你的面容给予他。

你把一丝社会和人的爱给予他。

你所拥有的最珍贵的东西,你给予了他。

你给了他生命。第二次生命。

和你的生命有着很大的不同,却是忠于他的生命。

一个可以延续的生命。

一个在将来可以与其他人相遇的生命。

他可能永远不会知道你所给予他的。

第五章　吸引？

现在，你的二十七岁即将宣布到来。

你显示出前所未有的优雅，富有魅力。以后，你再不会像这样。

关于你对美的热爱，你确实什么也没有对我说过。

然而，关于你对美的欲望，如今，你脸上的一切告诉了我。

关于你对女人的爱恋，你还什么也没对我说。

是你刻意隐瞒了？还是仅仅因为我没有认真关注？

你的嘴唇性感，柔软，喜欢美食。你没有紧闭双唇。上唇轻轻地靠着下唇。

这仅仅是出于羞涩吗？还是在期待着享乐？

阿姆斯特丹不缺女人,你不会否认。

你二十六岁,依然单身。

你经过时,女人们都转头看你。那些知道你的,不知道你的女人们。

你也转头。你看着最漂亮的女人远去。在她们身后,留下了幻想的航迹。她们已经走远。有时候,她们的背影比正面更优雅。

她们只是经过而已。

你也只是经过而已。

你敢在某一天,拦住一位与你目光交错并使你着迷的姑娘吗?

我猜想,也并非都是美女。有些女人与其说丰满,不如说矮胖:因为常常食用大量猪肉制品以及嗜喝啤酒而变得身材粗笨。她们身上的肉肥嘟嘟地鼓了出来,但是有些男人就喜欢咬这样的肉。另一些女人与其说轮廓分明、凹凸有致,不如说是干瘦。

这还不是最糟糕的。最糟糕、最悲哀的是她们的眼神中没有一丝温柔,也没有任何令人感到舒适的愉快之意。最糟糕、最可怕的是这些眼神愚蠢又恶毒,毫无灵气,它们的主人不知道爱的幸福,也不懂得被爱的幸福,她们直接从粗暴过渡到对抗。

你为了什么离开她们呢? 这些因为不满而指责你的女人们。你梦想的是温柔,需要的是快乐。坏脾气的女人,你可一点也不想要,况且你也不想急着自找失败。你不想打她们的主意。你很清楚,她们是不可能理解她们永远不会适应的东西的。不过,感谢上帝,好在这个国家、这座城市里还有其他的。你的火眼金睛早已发现了。如果说一切丑恶的事物都逃不脱你的注意,那么所有美好的事物你也不陌生。有人敏感,有人不敏感。人们不能选择。美好与丑恶无法分开,就如同阴影和光线不能分离,除非致力于其中。

你致力于世界上的美。

这个选择,你已经决定。

这将是你的表现方式。

你将不会掩藏任何对美有威胁的东西。

你致力于身体和脸庞的美;它们的真实情况、它们的弱点、它们的缺陷,你不隐藏任何东西。真正的美是不适合任何谎言和弄虚作假的。

是真实的脸庞成就了它的美。

所有的美都是短暂的。你并不知道。你对此如此无知,以致于你竭尽全力要拯救即将死去的美。

你为织物、皮毛、饰品的美倾注了所有的关注。

为了天空的美、暴风雨中一棵树的美、远方一座城市的美,你孜孜不倦地工作,一刻不松懈。

所有美的事物你都不陌生。

那些美、那些美丽的女人，美丽的身体和灵魂，我不相信你没有看见，没有欲望。

置之度外不是你的专长。

你的好奇心没有止境。你对美的渴望也没有止境，而美丽的女人是你所了解的美中之最美。

你会不会更爱其中的一个？

你会不会爱上一个，所有那些你曾经梦想过的美人？所有那些你还在梦想的美人？

你的二十六岁已经过完了。

那些年不会重来。

任何已逝的年纪看样子也不会重来。

你的才华成就了你的声誉。

你不缺少魅力。

订单雪片般飞来。

你不缺工作,也不缺钱。

认识你的女人们谈论你。

不认识你的女人们满足于在你经过时回头看一看你。

也许你会对我说你梦想一份真正的、持久的爱情;希望婚姻和父子关系不会使你害怕。

你会对我说你希望做一个忠诚的男人,遵纪守法。

你会告诉我你想要的。无论什么都不能使我相信下面的情况:你的欲望很少,不会受到激情的折磨,你不想抚摸所有这些美丽女人的滋润、光滑而温暖的肌肤——多么光滑啊!这些美丽的女人从你面前经过,有时会消失在巷子深处的店铺,那些店铺,即使在大白天,也需要几支蜡烛才能勉强照亮。

你不能使我相信你不想沿着运河追逐某个走路轻轻摆动的身体;不能使我相信你对这个女人或那个女人在每一个街角拐向何方不感兴趣,对她的行程长短和目的地不感兴趣。你的好奇心没有止境。

你看到的每一个女人都是你隐约感到的生命,一个也许与你类似的生命;每一个你与之交错而过的女人都注定要离开你,你只有伤感地放弃⋯⋯

孤独并非你所擅长。

最美丽的姑娘、最迷人的姑娘,难道你不想要吗?因为一个美妙的眼神,一个优雅的姿势,你有着强烈的欲望要刻画她们,有着强烈的欲望要爱她们。难道你不喜欢梦中的情景?今天早上、晚上、白天晚上的任何时刻,在床帷的遮掩之下、在你保护着的身体的遮掩之下做着这样的梦。你也一样,在你身体的某个隐秘深处,你的爱情和身体结合在一起。

也许这样的梦境你还没有经历,我觉得这倒有点可能。

你衬衣的白色绉领被细心地用一根红色绸带系着,上衣很明智地用了镀金的纽扣,双肩略微下沉——所有这些被你关注的细节足以告诉我你没有放弃。

你想对我们隐藏什么?

你想承认什么?尽管没有表现出来。

这精致的容貌、庄重而平静的神态,你将之刻画出来,仿佛你一直就如此,仿佛将永远如此。这是否意味着你的梦想和欲望都将停留在梦想和欲望阶段?

你不会让我们认为你的庄重和风度翩翩只是装出来的。

你不会让我们认为你与这幅你给我们提供的画像并不相像。

在我面前,一幅有着甜蜜而温柔幻想的椭圆形画作,如同一首神奇的乐曲。

也许是我看到的最英俊的脸孔。

他为我们讲述一个关于美的梦想。

他就是这个梦想的反映。

第六章 优雅

这个夜晚,无论如何,你都不乏优雅和漂亮。

你给予了自己的发式最认真的关注。头发精巧地卷曲在宽檐黑呢帽下,帽子十分恰当地戴在头上。这根金色的细带被小心地缝在帽子上,这完全不是偶然而为!仅仅为了消遣,嘴唇上方的胡子没有剃掉,而是沿着鼻翼两侧生长……

如今看来,这是要吸引什么人的注意啊!

谁呢?

也许是你梦中的未婚妻。

但为什么不是住在附近的这位也很不错的姑娘,这位你经常乐于透过工作室的窗户,观察其来来往往的金色长发姑娘?你听到她在小区里大笑的声音。她突然爆发的笑声不止一次打断了你聚精会神的工作。你不得不放下颜料和画笔。你中断了作画,但并不生气,因为观察这位年轻而美丽的姑娘的乐趣完全值得你放弃强迫自己在工作台上画画的一切努力!

吸引!一切事情的诱因!而只有在一切都结束之后这些事情才会结束。女人们也很清楚这一点,其中一个看得比别人更透彻,将之说了出来:

> 我还不想死去。
> 但,当我感到眼睛干涩,
> 嗓音微弱,双手无力,
>
> 在以死为终点的人生中,如果我的思想,
> 再不能显示热烈的爱的迹象,
> 我将请求死亡抹黑我最明亮的日子。

这个早晨,在你穿衣服的时候,做准备工作的时候,对着房间里椭圆形的镜子审视你的脸的时候,如果你想着的不是这个邻家姑娘,那么也许是这个富有的商人,昨天他告诉你他将前来拜访。难道不是也要吸引他吗?如果不是他,那么可能是整个街区:坏话

总是传播得很快,因而采取一点小手段集中收买一批人并非多余。"他们将看到他们能看到的,那些想象我放荡、穷困且随便的人!那些把我看作一个蹩脚画家的人。是一流的!我将向他们显示我是一流的,比这些自命不凡的小人物,和所有声称自己有水平的平庸画家都有水平。他们的钱、家具和房子,我不感兴趣。我要的是我的尊严!"

这个早晨,为了给他们留下深刻的印象,你不仅戴了那顶最好看的帽子,穿了细布绉领衬衣,还穿了一件效果最好的黑色斗篷。

你大大方方地走出家门,毫不感到局促。你走在马路上,你毫不局促地看着男男女女们,你沿着运河边走,你毫不局促地穿过鲜花盛开的花园和大众广场,但你也不自负:轻视他人不是你的性格。你的个性中有的是苛求,但是你不苛求自己做到的也不会苛求别人做到。

这个早晨,你对你是你感到很高兴;并非天天如此,远非如此。你与自己和解了。你的野心和你预测的自己的才能相匹配,不多也不少,但你知道你的这些才能是不可忽视的,你不想浪费你所拥有的才华,因而你要求自己不断地工作,这工作也是不可忽视的。

你不停地工作。

才能是要在每一次的实践中重新获得的。

音乐家、诗人也知道这一点,外科医生、优秀的手工艺艺人也知道。仅有才能是不够的。

你在这座越来越熟悉的城市中行走,每一天你都对这个地方更多了一点依恋。

你走着。头抬得不高也不低,刚刚可以平视前方的角度。人的高度。这并非微不足道。

你走着,通过每座桥梁;清凉的空气染红了你早上小镜子中还很苍白的面颊。整个城市都是你的,还有整个国家。任何斜坡都不能使正在行进中的人放慢脚步。

什么也不能阻止你。你梦想别的国家,别的世界。如果说你不了解他们,也许总有一天他们会了解你。你也是为了这个目标而工作。

他们将可以用你的画像装饰最漂亮的房间、宫殿、画廊。从北到南,从东到西,他们的嘴里将谈论你的名字,他们的记忆中将只有你的脸,他们所有人,各地的人都将这样!

这些无边无际的梦想让你有些晕头转向了。

野心也意识到自己的微不足道了!

不要说不。不要提出反对。不要对我说这个早上你没有想过这些,从来没有想过这些,不要对我说你从没有做过这样的梦:你的名字出现在所有的嘴中,你的脸出现在世界上最负盛名的墙壁上!

你也是工作的一个目标。

也许你只能隐隐约约地感觉到这一点,但你不能不知道。

把目光投向你的将并不仅仅是女人们。

不仅仅是这个早上,也不仅仅是这个晚上。

那将会是男男女女所有人将目光投向你,在今天、明天,甚至你死后,在你不愿想象的时间里——在你死后很长时间,你的青春年华结束后很长时间,结束,是的,很长时间了,你的欲望已经死去,所有这些梦想已经消失,但是即使在今天,你也不完全是这些梦想的受骗者。

第七章　什么更隐秘的痛苦？

但是，发生了什么？今天你遇到了什么？

我从没有看到你如此忧虑，也很少看到你如此苍白！某个东西在你眼前晃动，使你皱眉、蹙额。

仅仅是一时的不快吗？

还是愠怒？

还是什么更隐秘的痛苦？

不是每天都是好日子，这无人不知。

你也有状态不佳的时候。

有些时候，你的手会不听使唤，那些没有一点灵感的日子，那些思想也麻木了的日子，思想仿佛被不知什么薄雾笼罩了，使得它不能和别人、和自己作任何交流，难以进入，不可能进入。

错误的日子！枯燥的日子——没有灵感也没有信心！

没有痛苦也没有欢乐。空白的日子。灰色的日子。如此空荡荡，甚至很自然地让人觉得不曾度过这些日子。失落的日子。

但是，那一天对你而言，也许还有更严重的。很快，你将想尽办法描绘你的痛苦。你希望保留一丝痛苦的痕迹，哪怕是不引人注意的痕迹。你创作了一幅十五乘十二厘米大小的铜板作品，微不足道的作品，完成得很快。这幅作品中，你脸上的阴影很少，比往常的作品少。你选择了稍强烈的光线，半侧着身子，仿佛要承受某个打击。

显然，有什么事情已经扰乱了你的生活。这样的情绪不仅仅出现在一个早上。它已经慢慢积累起来，并且留下了印记。头疼，是的，而且是强烈、持久，比以前任何时候都剧烈的头疼在你的前额深刻出这道纵向的皱纹！

你的嘴唇述说着沮丧。

苦恼已近。

坏情绪，不可避免。

你也许很少发火，但你的怒火十分可怕，你的怒火使你提前进入了精力衰竭的状态。

这样的状态，至少，将不会持续，不能持续。

或许我错了，或许暴风雨一触即发。

有什么事情将要爆发,而且,只要雷霆没有击下来,你便处于精神紧张状态,一种几乎无法承受的紧张——你周围的人都能明显地感受到。

数天来,你一言不发。

你闭门不出,一个人呆在工作室里。你辞退了学徒。你拒绝答复那些来求画的人的请求。你不仅仅命人对商人和业余画家关上大门。"画家在工作,他请大家不要以任何借口打扰他。我们对此很抱歉。您可以下次再来——但不要在下周之前。"你一言不发,但是你的沉默比爆发的怒火更具破坏性。你说你在工作。你闭门不出。实际上,你什么也没做。如果你在工作,楼房里的人可以听见的。你工作时,大家能够听见你工作。大家会听见你的脚步声,画架移动声,还有你做准备工作的声音。你的任何举动都能被听见。然后,当有什么事不顺时,每层楼的人都能听见你大发牢骚。

但是现在,数天来,人们没有听到你的任何动静。你坐在画架前,画布始终一片空白。你不时会站起来一会儿。你步履艰难地走到窗口,毫无自信。灰色的天空中什么也没有,你也是;寒冷的秋天已经来临;阳光落在你的国家那浸透了水的大地上。鸟儿也停止了歌唱,运河的水似乎比任何时候都沉静。垃圾漂浮在水面上,有时会有一条死狗。

马路上行人稀少。他们不喜欢在路上耽搁。这样令人不快的日子里,在街上闲荡有什么乐趣呢?你回转身来重新坐下。你点燃了蜡烛。你始终在工作室里点着蜡烛。至少一根。

小小的火焰是仅有的生命迹象。

仅有的存在。

至少还有,那火焰!

你看着火焰。你不知疲倦地看着火焰。它也在耗尽生命,耗尽它的储备。均匀地、默默地耗尽了生命。

有什么东西在你身边转来转去,而你还说不上来。只是有什么你希望的东西在你周围。不在你的身上。绝对不在!什么比不快更严重的事情。有什么人将伤害你、激怒你或者侮辱你:这还不算严重。发生在你身上的是比不公正,甚至比他人的暴力更可怕、更严重、更危险的情况。对于他们的暴力、他们的不公、他们的忘恩负义,你当然也不习惯,但是你知道如何提防。然而,在这儿,现在,是别的什么在酝酿中。

我知道,你不会说出来。

你不会退让。

你的房门依然紧闭。

但是,你苍白的面容、你的前额、你的眼睛和嘴唇替你说了出来。你最终是向它们吐露了隐情,而且你的画像将比你的沉默、你度过的日日年年更长久,将比你的生命更长久。

这是可以预料的。

而现在是画像在讲述。

的确不是简单的不快,而是有别的什么,是的,比可怕的怒火更糟糕!

在这点上我怎么会错呢?

一种更隐秘的痛苦,是的,我应该可以想见。任何其他人也应该可以一眼就看出来!

要想了解发生在别人身上的事情往往需要一定的距离。面对最亲近的人,我们常常成了瞎子。我们不知道如何看他们。我们也不知道如何倾听他们。

现在,我再次看向你,你的脸色极差,使我害怕是否某种我不知道的危险热病侵袭了你,是否某种我不知道的无法控制的毒药在你的血管里流淌。

这个痛苦在影响着你吗?

什么痛苦?

我很清楚：我有着丰富而游移的想象力，而这些漂移不定的想象飞向了最糟糕的情况。我已经看见死神在你的身边不怀好意地转来转去。它一直在四周游荡。你没见过祖父、祖母、父亲的死亡吗？你没见过兄弟姐妹、堂兄弟姐妹和几个童年最亲密的玩伴的死亡吗？

我太夸张了吗？

别人对我说：我总是很夸张。

但是痛苦也是夸张的，而死神并不觉得不安：我看见它在忙碌，我也看见了。于是你的脸色突如其来地变得苍白。

你那暗红色的嘴唇难道不也是某种传染病的征兆吗？回答我，就这一次，朋友，回答我！你不着急吗？是否比往常更着急？难道你没有想到这种暗藏的、缓慢发作的疾病吗？它没有打招呼，悄悄地、难以察觉地进驻你的体内，然后突然铺天盖地、不可逆转地爆发，为时已晚。

你身上的衬衫可能就是病人穿的——除非是你不打算换下内衣，因为你知道今天不会接待任何人！

告诉我，朋友，我恳求你，回答我！不要这样，嘴唇不要这样顽固地紧闭着！不要让我这样徒劳地提问，糟糕地猜测，可怜地自言自语。

告诉我：我错了，是不是？

这只不过是暂时的不快！

是情绪的一时变化？

第八章 控制

昨天是乞丐,今天是东方的王子。

这就是你乔装打扮的兴趣。

但这不仅是游戏。这是遐想,对权威和权力的梦想。别样生活的片刻体验。儿时梦想的重游。

今天,导演请你站着,站得直直的。服装师给你提供了一条绿色和栗色相间的宽大头巾,顶上巧妙地插着一根羽毛,用一颗金色的搭扣固定着。在你的袍子和闪耀着光泽的丝绸刺绣腰带外面,他让你穿了一件深色天鹅绒的厚重披风,斜向剪裁的,在肩头用三粒金扣扣住。服装师还带来了一副饰有金线的黑色手套。手套的质地是柔软而罕见的皮革。

布景师被要求在你身后放一张铺着绿色桌布的桌子,负责道具的人毫不困难地给你找了一根圆头拐杖和一个黑色头盔,导演要他把头盔放在那儿,这是你假借的权力的象征。当导演想起来鬈毛狗也可以证明你的巨大影响和威望时,还是负责道具的人,找来了一只活的。

在此,每个人都服从导演的指挥。这是戏剧的规则,在你颁布这规则的同时,你也服从于它。

导演请你把左腿稍稍往前迈一小步,正面对着大家,或者差不多是正面,然后把头轻轻地往右转一点。这一次,你不需要看着观众。导演对你说:你的眼睛不要被如此蹩脚的戏所拘束!你是东方的王子,苏丹或者帕夏[①],你的目光将投向远方,他将拥有一切以征服那里,获得无上的权力。你不是那种会激起愚蠢报复的人。你的主在这些无用的欲望之上。他宁可把对权力的幻想让给标记和附属的小道具,让给饰金的衣服,让给他靠着的代替权杖的拐棍,和驯服而忧郁地趴着他脚边的鬈毛狗。

你的主看向他处。

---

① 帕夏,旧时土耳其对某些显赫人物的荣誉称号。——译注

导演请他稍微抬头。

你服从自己的指挥。

模样庄重、高贵,举止高傲。你丰满的身体为此做出了贡献。很适合这形象!

然而,你的王子的腿似乎有点短。服装师让披风拖到了地上,遮住腿和脚,但是没有用,这些办法还不能让他为之服务的人变得高大一些。但也没有人想到穿高跟鞋这种可笑的方法。

王子的左手放在拐杖上。右手呢,撑在髋部。胳膊肘应该是弯起来的,而且尽可能抬高。"这样会给您一种自信,"导演对他的演员说,"会使您显得更威严,殿下!"

一个声音在你耳边低声说着。

一个声音启发了你。

导演明白他应该干什么。

他暗暗嘲笑他的演员,但演员并非不知道这是为了他的利益。

他们为了演出成功一起努力。

模特儿记住了他的角色。

这个角色,他将只扮演几天。他知道,这次的角色一样只能演几天——尽管他那么认真地演着,仿佛永远会是这样,仿佛这出戏永远不会闭幕。

这个演员，你很了解，就如同你自己在当这个演员。

你把自己的面容借给了他。

你把自己的一些外貌特征借给了你自己。

可是，我却认不出你来。

这个角色不适合你。

第九章　爱抚

真的是你吗?

我们无意中发现的人真的是你吗?一手拿着酒杯为我们和你自己的健康干杯,另一只手愉快地放在一位女士的臀部,女士的脸上带着默契的微笑。

爱抚很快会开始。

欢乐开始了。

这还只是刚刚开始。

我们并没有看见全部情况。我们也不会看到更多。但想象力开始工作了。这是想象力能干的最好的事情。全面的想象,是我们最大的乐趣。

一些人觉得自己认出了你,另一些人没有。这是因为你的装扮使大家产生了疑惑。摆出如此温柔的姿势,就让人不容易做出判断了。这样更好。也许一个清教徒经过那儿并认出了你。你向他解释你只是利用《圣经》中的一幕来作画，你想创作的是回头浪子，除了自己，你找不到别的男性模特。但你的解释是白费口舌，他将当面耻笑你，而你将为此花费数月乃至数年才能重新建立好名声。没有什么比名声更容易被破坏的，也没有什么比名声恢复得更慢的了。

这不是个理由。

化装没能使你完全改变，也没有把你变得认不出来。这位行为放肆的官吏，如果不是你，就是你的兄弟——或者你家里的某个人，我的小羔羊！你的复制品。另一个你。你将对所有其他的你负责，无论你是否愿意。

认为你只重视形式和色彩是不对的。你是画家。你不是审美家。

你要表现的东西，你会赋予其意义。

当你表现自己时，不会惧怕为此承担责任。

怯懦不是你的特长。

如果说形式和色彩是一种技巧，那么你的化装并不是结果，也不是工作室中没用的练习。

如果你想让评论者相信你画的是一个寓言，他们是不会理解你的。

如果你想说服他们你表现的人物是回头浪子，他们是不会相信你的。

他们只是凭着表象评判,而他们在这里看到的,是一个荒淫的男子,正准备沉湎于酒肉声色之中。

他们将这样进行评判。

也许他们有道理,你看见他们来了。

如果说他们是清教徒,那是因为他们感到了软弱,他们极力要避开的软弱。

他很快要三十岁了。你也是。

他有着你的嘴,你的牙齿,胡须下面的嘴唇。他有着你的鼻子和你的眼神。

他为身侧的佩剑而骄傲,为插着白色羽毛的黑色贝雷帽而骄傲;他高高举起盛满金色啤酒的高脚杯,为大家的健康而干杯,他已经开始喝了,他陶醉在酒中,他笑着,他为观众、为所有时候的所有见证人的健康而干杯,不管他们是清教徒还是嘲笑者,他不想知道,他在享受,一位迷人的姑娘坐在他的腿上,他的手搭在她的腰上,接着停留在她的臀部,其他人希望的很多事情,他并不在乎,他要喝酒,他要美食,桌上的孔雀肉还没有动,美人的裙子还没有解开,硕大的佩剑也还没有解下来,还没有,但这些事马上会做的。最美妙的享受并不是以最快速度得到的享受,他将一步一步地体验;他笑着,他享受着,他不缺乏经验,而且,已经很快乐了。

夫人坐在他的膝盖上。宽大的裙摆垂下来,一道道金色的宽衣褶搭在饮酒者的红色外衣上。

她的头转向我们。我们的到来似乎并没有打扰她,也没有使她感到意外。她的头转过来。她看的是我,是我们所有人,盯着我们看。

他在欢笑。她在微笑。仿佛在说:"你们不要拘束,一切都非常好。"仿佛在说:"这没有任何令人讨厌的,你们知道!"

男人的手在她的背上滑动,在腰部停留片刻,然后继续滑动,他温柔地抚摸着她,一点一点使她兴奋起来。她将让嘴唇迎向长长的啤酒杯,她也将同意喝点酒,享受美味,和他一起分享这快乐。

很快,男人的手将往下滑动,反复地抚摸着女人的身体,先是一只手,接着另一手将放下空空的大酒杯,也开始抚摸女人,而女人的手将重回男人的身上。很快,他将把她带到一边,避开别人的目光,厚重的褐色天鹅绒幕布将落下来,接着,想象将再次开始工作,因为男人将急于用那只空着的手为这个激起他情欲的身体解除所有织物和装饰品的阻碍,长长的酒杯已经喝了很久,他贪婪地喝着啤酒,贪恋着肉体,然后,目光轻浮,迅速而不易察觉的一个动作,唇间哼着歌,动作很稳。他已经不再是二十岁的人,他还是军官!他将脱下长靴,解下佩剑、肩带,脱下帽子,最后脱掉衣服,解除一切障碍物,然后飞快地抱紧这想要已久的身体,抱紧这滚烫、赤裸的女人身体,紧紧贴着自己,进入这身体,愉快而令人陶醉的身体,占领她,在其中迷失自己,又重新找回自己,这条已经上百次走过的隐秘小道,迷失,找回,这将只是一个梦,这将只是不断重新开始的享乐的临时中断。

和你相像的人!你的兄弟!

他是唯一体验了你所梦想、你所描绘的经历的人吗?

如果你没有这些经验,怎么能将他的快乐描绘得如此形象?

再见,红色绶带旁的巧妙绉领!

再见,聪明人的聪明形象!

终于自由了,和你相像的人,你的兄弟!终于摆脱了清规戒律和所有节制的重压。至少,一个晚上。

然而谁能知道,在爱抚之后、享乐深处,他想寻找的是不是爱情呢?

第十章　差距

　　你来自一个有水、看得到广阔天空的国家，边界线不断地移动、模糊，消失在我们眼中。远处有几座教堂，竖着钟楼的尖顶；许多磨坊，风翼搅动着空气。一点点的小小人影在点缀着低矮房屋的广阔平原上来来往往。

　　你所在的国家盖房子多用红砖、柴泥和木筋墙。在人口最多的城市里，房子有三层或四层高；窗户很高很多，而且没有百叶窗。夜晚来临时，自然会有些眼睛来历险，在昏暗的灯光下挑选一户人家，不经意地看到一些人影的活动，产生一些美妙的遐想。

　　那时候，你所在的国家灯光微弱，镜子很多，大量而丰富的现实生活不断滋生出各种想象。

　　你所在的国家有着鲜花和湿润的牧场。

　　我所在的国家有着浓密的树林和高山，山顶挡住了地平线；在这里，视线往往会受到阻碍，边界线既是威胁也是诱惑。

我所在的国家用灰色岩石盖房子,教堂隐藏在成片的新建楼房中或者河谷后面。

我所在的国家有地势平缓的农村,有山脊和山洞,有葡萄树和湖泊,在轻轻起雾的时候,让人感觉生活在一个广阔而宁静的大海边。

我来自一个不同的国家。

也许就是由于这个原因,这个国家才如此坚持要设立边界。没有了边界,也许它就会有衰退的危险。

风在你所在的国家和我所在的国家之间流转,时而下降,时而上升,给天空带来云彩和雨水,海鸥和光明。

任何人都不会想到把你的国家和我的国家混为一谈。然而,你那里的小酒馆和小客栈,短暂放晴而又带着下雨痕迹的桔色天空下的树木,你那里的风景,我觉得很熟悉,仿佛就在我的窗外。

差异微不足道。

你和我说着不同的语言。

我们出生在不同的地方。

和大家一样,我们的出生总带着某种偶然。有些偶然更多一些,有些更复杂一些。

你说的语言发音比我的更粗粝、更生硬一些,但有时候元音拖得很长,和我们这个地区一样。

你说的语言中有敲钟和啤酒杯碰杯的声音,有浸泡着藻类的淡水的味道。

我对自己使用的语言已经太习以为常了,以至于无法告诉你这种语言和什么声音相似。再说我更喜欢用这种语言书写,而不是说这种语言:写的时候,这种语言不会那么呆板,同时更精确、更活泼一些。

和你一样,我对绝对的自由很敏感。和你一样,我对容易做到的事情、懈怠的做法和大概的事物保持着戒心。

对精确性的要求使我们免于晕头转向。

我使用的语言还不能构成一个国家的界线,你的也不行,这太好了。语言各有界线,或是一条河,或是一座山,或者看不见,但是,这些界线往往与征服者的军队或达成妥协的政治家们所穿越的界线毫无关系。

我出生在边缘地带,被认为是边缘的地方。
那些自认为身处中心的人觉得边缘不过是无关紧要的地方。

我出生在远离首府的地方,时尚和律法均出自那些首府,就凭这一个理由,那些首府就获得了重要的地位。

你所在的地方谋求成为一个帝国的中心,这就是为什么它需要军队、商船队和海盗船队。

尽管如此,你从没有感到需要穿越大海或者平原、高山。

你的城市对你已足够。

你在那里凝视世界的各个映像：雕刻作品、绘画作品、各种物品。

你窥伺这些东西，你贪婪地找寻这些东西。

在你家里，你收藏着世界。

无需太长时间，你便明白了最重要的东西就在手边、眼前。

你只需睁大眼睛去接触最贫穷和最富有的，最美好和最丑恶的。要达到这个目的，不需要去任何大家关注的中心，也不需要任何壮举。修道士也知道这一点，他们从信仰上帝到抛弃上帝都没有离开他们在修道院的单人小屋。哲学家们也知道一些，他们到处飘荡，思绪也漂移不定。男人们和女人们也一样，他们只是外表看起来普通。

外表无关紧要。

我所在的国家幅员并不辽阔。

你的国家也不比我的更辽阔。

它所征服的殖民地,很快将失去。帝国不再。面对居民的事实、语言的事实、信仰的事实,武力起不了多大作用,除非武力把居民、语言、信仰全部摧毁,并从地图上删去。

与一个国家的疆域相比,国家中建筑的面貌、菜肴的味道、男人和女人的身体更重要。

如果与某个国家的特质作对,任何帝国都将一无所成。强者的狂妄自大将变成筋疲力尽。他们的狂妄自大永远不会损害清晨出现在地平线的阳光,永远不能降低人们对他们爱着的地方的热爱。

面对心灵与思想的记忆,武力无能为力。

我和你,我们使用的语言不同。但是,我能毫无困难地理解你。
无需任何词汇,我便能听懂你对我说的话。

然而,有一个词却是我们所共有的。这个词在你的国家的人口中是"tronie",而我们则说"trogne①"。

你还会画滑稽的、可笑的、严肃的、不快的、忧郁的脸!

你本人,将不辞辛劳!

你将尝试表现各种表情的脸。

你将怀着不同的心情进行创作。

但,在你审视人类的脸的时候,你总是带着热爱之情。

---

① 意为滑稽可笑的脸。——译注

从你出生的地方到我所在的地方,有着地理上的距离,也有着许多差异。

地理上的距离是表面现象。

差异无足轻重。差异具有某种魅力。

仅有一种魅力而已。

一个个世纪过去,比天空、光线和气候的变化都要快。

潮流也一样,迅速流逝。在创作自画像时,喜欢穿戴另一个时代的帽子和细布绉领的你不会不知道这一点。在那些日子,你假扮成身处另一个时代的人,你做着让过去停留在你身边的游戏,你假装不知道那个时代的流逝。

我这个时代的男子们已经很长时间不穿紧身短上衣,也不戴沉重的黄金项链了。而你自己也很快抛弃了这些人造的东西,这些毫无意义的讲究。你不会长时间扮演有产者,你不是,你不曾是,你将永远不会成为这样的有产者。

你的世界不是他的世界。

你扮演了乞丐。你扮演了苏丹。你的世界也不是他们的世界。

你的目光将始终忠实地停留在自己身上。

你的视力将变差。你的眼皮将衰老。你的目光也许会显得疲惫——哪有不衰老的身体?但是,你的身上始终有着一束火焰,无论什么都不能使它熄灭。

第十一章　衰老

我亲爱的伦勃朗,自从上次我俩见面以后,已经过去多年了。然而相比较而言,时间对你来说过得更加快。上一次见面是两年或者三年前,那时你二十六岁,我五十来岁。如今再次见到你时,你比上一次老了八岁。

你的生命历程就这样在我面前鱼贯展现,以变化的速度展现着,甚至可以说带着某种杂乱。还有什么更自然的?还有什么更单纯的?

当然,这也使我比你多了某种优势,更灵活些,更自由些,而对于这样的自由,你是难以提出哪怕最微弱的反对的。

是的,就这样,我大步走遍你的生命历程,我在某处稍作停留,然后,在另一处停留,有时会突然后退,然后会突然越过数十年。

我的年华过得慢一些,更规律一些,至少表面如此。但是,我的年华无法回到过去。你的年华过得不规则,按照一般规则和不可逃避的前进步伐,有几年过得快些,有几年过得沉重一些。

一旦我们的生命时间终止,死亡来临,时间之神去除了所有的障碍,经历了某个生命的所有片段的人很容易就能随心所欲地从各个方面浏览这本生命之书。

是的,许多年过去了,我亲爱的伦勃朗,请你原谅我如此坦率地说出来:这是能看出来的。现在你很快会迈入你的第三十五个年头。自我俩的上次见面以来,你的面庞褪去了青涩和单纯,但没有丧失一丝的严肃和文雅。没有任何动摇的力量,也没有其他任何重点。如果说脸庞上的阴影少了些,那是因为你愿意让它展现在光线中,是因为你不再对我们隐藏你的年龄:无论是下巴上的褶皱还是前额刚刚出现的皱纹。

老了吗?

已经?

当然,你的身材宽厚了些。也许你变得更自信了。你的穿着从没有如此优雅,也许更加舒适。

你是否富裕了些?

我指的不仅仅是物质上的富裕,实际上,这从你绣有金链的宽大天鹅绒贝雷帽以及饰有裘皮的外套就可以看出来。不管怎么说,虽然你不会过超出自己经济能力的优裕日子,但也不会舍不得花钱。奢侈的品位,你是熟悉的。这毕竟是又一种欲望,这种欲望并不比别的更容易放弃。

但是,还有另外一种富裕,是你支撑在护栏上的手臂所赋予你的这种自信,这个你选择的姿势,这个你自己给予自己的形象——如同你自己认识到的成熟。

可是,却有一丝难以察觉的悲伤在你的眼角,一种隐藏着的忧郁。马上就要三十五岁了,哀伤不可避免。

上一次我们见面时,你的第一个孩子还没有出生,甚至还没有孕育。而现在,你深爱的妻子莎士基亚已经为你生育了三个孩子。每一个生命都仅仅存活了几个星期。够了,你所付出的希望,够了,你对这个小男孩的爱,够了,你对这个小女孩的爱,接着是另一个女儿,够了,他们的死去是你撕心裂肺的痛。

别人会对你说:"就是这样的,看看你周围这些死去的孩子和老人,医疗手段只是聊胜于无,一切都掌握在万能的上帝手中。"

这些安慰的话语一点也不能给你安慰。任何评述、任何统计结果都无法消除这些无辜孩子的死亡带来的伤痛,无法消除这些短暂生命的离去带给你的伤痛,而这些生命是你给予的。当你的老母亲去世时,数字和善良的安慰同样无法给予你安慰。爱不分年龄,爱与逝者的年龄也毫无关系。即使我们还是孩子,但在遭受我们所爱的人逝去的打击时,爱同样与年龄毫无关系。关于我们已经度过的岁月的统计数据毫无分量。年龄不过是我们曾经童年的精致胶片。

你不再是一个孩子,当然了。皱纹已经开始在你的前额和眼睛周围出现。然而,把你带到这个世界的那个人刚刚离开这个世界。你怎能体会不到这新增的孤独呢?

人们对你说你的母亲到了去世的年纪,说她受到病痛的折磨,精力衰竭,饱受痛苦。死亡终于让她解脱了。你也这么认为。十年前,当你父亲去世的时候,你已经逼迫自己这么认为:他的力气没了,痛苦不堪,他什么都做不了。人们把他埋葬在墓地,在回来的路上,所有人都说:"这是一种解脱。"你也同意这种说法。但是死亡无法减轻空虚的感觉,也无法减轻孤独的感觉。

比起你自己的死亡,你更害怕这些你爱的人死亡。

你脸上的泪水已经消失。你不好意思让它们一直挂在脸上。你也不会让人看到你因为痛苦而发红的眼睛。

你给我们看的是一张明朗、平静的脸。

为此,你需要很长一段时间,需要度过许多个黑夜。你有无数眼泪。你却不让它们流出来：流泪是不好的习惯。但是，擦干眼泪并不能擦去所有悲伤的痕迹。

悲伤退却了，在眼底深处停留下来，它尽可能地躲藏起来，但是它不会撒谎：它依然存在，在你的眼睛里，在你的嘴唇上，在你的手臂中，它陪伴着你，在你身体的最隐秘之处，它将永远不离开你。世上的美景、生活的快乐、所谓的安慰都无法使之改变太多。它也许会淡化，但不会彻底消失。悲伤将忠实地跟随你左右，正如你忠实于你曾爱过并依然爱着的人。

不要把爱隐藏起来，如果爱还没有消失，就去爱吧。你很清楚！

我生命中的这几年同样过去了。第一个女儿出生了，几年后，第二个女儿出生了。

上帝保佑，她们活了下来，经受住了孩童时期的小病小灾，顶住了跌落和摔倒造成的后果，抗过了死亡和慌乱。

医疗水平有所提高。

但并不能治疗所有的伤亡和慌乱。

这两个孩子，以及不久之后出生的第三个孩子带给我信心和遗忘已久的快乐。这仿佛是重新找到的时间的恩惠。有了她们，我一点儿也不再害怕死亡。和她们在一起，我感觉又找到了一点自己的童年：不仅有童年的焦虑和苦恼，还有一点惊奇，一点快乐，还有童年的色彩、趣味、抚爱和歌谣。

借助孩子们的童年，我重新发现了世界。我含糊不清地说着久已遗忘的话。我用一种新的视觉审视这个世界。我学着忘记。

所谓的成年人抛却了些许华丽却俗气的外衣。

我到了你的年纪。

我有三个孩子了。你的孩子一个也没能活下来。一年后你的儿子提图斯出生，他是第一个活下来的孩子。

你也能够发现我曾幸福地发现的感觉：意想不到的爱，无论妻子还是任何情人都无法给予男人的生活体验。因为这种因孩子而产生的爱与其他情感有着不同的性质，如同时间的新生事物，仿佛以全新眼光看待自己的产物。

这种幸福，你还不太熟悉。你几乎不敢奢望。你还需要等待，而你的妻子和你一起等待着，希望着。

当时，你在考虑着你的死亡，你的葬礼。

我这里也一样，有人去世了。死亡不会为某人有所等待，你无需怀疑。我的母亲已经离开了我，接着她的哥哥姐姐也走了，我深爱着的母亲。一年年过去了，可是我依然无法适应他们的离去。我依然为他们的离去而痛苦。他们是"正常死亡"，就如大家说你的老母亲是

"正常"死亡一样。这些是人们预料得到的死亡。大概只有我那年迈的叔叔去世时,让人有些惊讶。他和你父亲有着相同的名字,有着磨坊主的性格和气力,也喜欢吹牛,嗜酒如命。他死的时候是站着的,在小客栈里,正高高地端起酒杯为了前来共庆高寿的众多朋友的健康而干杯。当时,所有人都在兴高采烈地吃着喝着,为他们活了这么长时间,阻挡了死亡的来临而惊讶。可是宴会正酣的时候,他们的朋友倒了下来,手里还拿着酒杯,"为大家的健康干杯"。

所有人沉寂了很多天。

一年年过去了。你的岁月。我的岁月。

也许和你一样,我习惯了婚姻生活,却不能确切地知道到底适应了什么。

和你一样,我似乎早就开始考虑重新变得孤单的情况。

我读所有能够读到的书,看所有能看到的画,听所有的音乐。

我发现了另一个家庭,不同于我们的身份所给予我们的家庭。这是个有着上千朋友和知己的家庭,所有作家、画家和作曲家组成的家庭,他们都和我的心对话。这样的朋友在其他地方很少。他们比活着的人更忠实,更能保守秘密,更安静。

他们看着我们,和我们交谈,听我们说话,而活着的人很少看我们,很少和我们交谈,很少听我们说话。

第十二章　拜访

我去阿姆斯特丹看你。

我被告知你出门了。

我坐火车、飞机,然后另一趟火车。最后,一列有轨电车把我放在了离一个旅馆不远的地方。

出发前好几天,我买了一张城市地图。我一直很喜欢城市地图。有了它,在没到一个地方之前,就可以在那里逛逛,就像在梦中一样。然后,我们可以走遍那些地方——已经存在记忆里的地方。

街道、广场、居住区。

这儿有一座教堂,那儿有一个花市,运河,热闹的十字路口,桥梁,还有小街小巷和隐秘的死胡同里的人。

我去了你家,犹太大街4号,离滑铁卢广场不远。在那个广场上,旧货商卖着来路可疑的东西。

我来看你了。

我没有和你约好。我知道不需要。

你家附近的老犹太街区已经什么也不剩了。

犹太人也消失了。他们被要求沿着人行道排成队,一个接着一个,准备上船。人们想让他们消失。他们似乎妨碍了什么。

人们说,哪怕有关他们的记忆都是妨碍。但是,让记忆消失比让普通人死亡更难。

你很熟悉他们的祖先。你和他们交谈,观察他们。你观察他们干瘪而布满皱纹的脸,破旧的长大衣,宽边帽子。你以他们为模特创作预言家或哲学家的肖像。

你画了基督的脸。

基督的身体。

你并不抱怨他是犹太人。

在竖起的十字架下,出现的是你本人。被刽子手围在中间。你没有给自己安排一个好角色。

在犹太大街4号，我被告知你不在，但是欢迎我的来访。所有来看你的人都会受到欢迎。

我被允许参观你的家。

我甚至参观了你的画室。

人们首先带着我看了位于地下室的厨房。他们这样做很有道理。厨房可不是无关紧要的。你不会反对我的这个看法的！如果不讲究味觉和嗅觉的需要，是无法成为像你一样的讲究视觉、触觉需要的人的。

人们请我通过狭窄的木制楼梯上楼参观。

带我参观的先生稳重优雅、彬彬有礼。精心修理的灰色胡子、亮色的天鹅绒外套和裤子，总是很引人注目。同样因为稳重，我的问题没有让他感到吃惊。我的问题激发了他回答的兴趣，于是我就尽量多问问题了，甚至临时提了一些。即使我没有问的问题，他也很乐意回答。

如果我问他你为什么不在，他会微笑着解释说你不住在这里已经很长时间了，至少三百五十年了，说你已经搬家了，而我来得太迟了。但是我不需要问这个问题：我知道答案。

你离开住处很久了。

气味已经消失。

喧嚣沉寂。

过去的人离开已久。

无论如何,我还是来看你了。

没有太多激动!

我对朝圣行为抱怀疑态度。

我只是想亲自体会一个狭窄而有斜度的房内楼梯,丈量一下你的住所,想象一下曾投向你的房间、你的画室里的光线。

想象来自现实。

带我参观的那位先生聪明而有礼貌。

他猜测到我对他的期待。他很有分寸地履行他的职责。他很有责任心:在介绍这段长长的过去时没有出错,并且讲得比较生动。

他给我看了你收藏的物品,旧头盔、护胸甲、戟和贝壳。三只用稻草填塞的钝吻鳄标本挂在空中,在天花板下面游泳。一个搁板上放着古罗马皇帝的石膏头像,目光空洞,心不在焉的样子。那里还有胳膊,散落的手的雕塑,各种各样的盒子,一把扇子,一些古籍,笨重而布满灰尘,各种各样的"古玩珍品",各种各样令人大饱眼福的东西。

他指给我看莎士基亚的房间,凹室中有一张小小的床,你看着病中的她躺在这张床上,你画下了她在这张床上的睡姿,然后你看到她的病情忽然一天比一天严重。莎士基亚开始咳嗽,白天咳,晚上也咳,慢慢衰弱,呼吸困难,咳血,你都听到了,结局毫无悬念,呼吸急促,越来越急促,这种状况没有持续太长时间,莎士基亚,莎士基亚,你深爱的女人,她只有三十岁,你们的孩子才九个月,她已经不在了。

我上楼走进最顶层的画室。火炉熄灭了,烟囱里的火也熄灭了。

画室几乎空无一物。

曾经杂乱无章的生活是在哪里度过的?

画室里放了一个画架,几支画笔,一个调色盘,一些颜料,一个搁脚凳。

这些不是你的。

人们布置了这些,如同你回来了。

人们模仿了当时的情形。

然而你不会回来了。

我来看你了。

人们告诉我你出去了。你不在。

这是真的。

第十三章 死鸟

死了

爪子倒挂在钩子上

死鸟

光泽羽毛的翅膀

错乱地张开

死鸟

它的美丽

永远消失

它的血

一滴一滴

溅落

死鸟

再不能

歌唱

再不能

再不能

飞翔。

第十四章　代价

连续数年,你几乎不再创作自画像。

连续数年,你对自己保持着沉寂。

你没有扔掉镜子,但是每当你看向镜子时,毫不感到快乐也没有兴趣。

你创作别的面孔。

你创作《夜巡》。工作量巨大。你没有退缩。你再次朝前冲。也许这是你能给予已故的莎士基亚的最深哀思。也许这是你向死亡发出的最强大、最成功的挑战。你继续画画。

和以往的作品一样,光线从阴影中穿出。在作品的亮部,一个女孩正穿过画面,腰带上倒挂着一只死鸟。她挤在这群拿着武器的人中间,在这些长戟和火枪之间要干什么?这将是个不解之谜。她是光明之女。她只是经过这里。什么都无法使她停止脚步,即使是大队士兵,即使是最威严的军官。她是光明之女。

你画以马忤斯的朝圣者，基督坐在他们中间。

你画了好些基督的头像。这是最冒险的，也是最紧迫的事。你终于勇敢地做了从来不敢做的事。

基督，是的，你仔细研究的是他，你最终就是为了他而来，也许你不断沿着自己也不知道通向何方的道路前行就是为了靠近他。

他是人，他不仅仅如此。

你孜孜不倦地创作。

你画男人们的脸，女人们的脸和身体。你画孩子们的脸。手臂撑在窗框上的小女孩的脸。你第一个活下来的儿子提图斯的脸。

时间一年年过去，如同光明之女已经走过。

莎士基亚去世了。

一位保姆接替了她。她照顾你的孩子。她也照顾你。

提图斯，你的儿子，长大了。不再是一个小孩，而是一个听话地在课桌上写作业的大男孩。你看着他。你非常喜欢他。在他的脸上，你读到了他母亲的记忆，你也看到了自己的过去。

赋予一个孩子生命，就给了我们自己的过去另一个未来。

保姆的乳汁干涸了。提图斯开始吃乳汁之外的食物。他长大了。

奶妈，她再没有离开你。

她想接替莎士基亚的位置，把莎士基亚的记忆从这座房子里赶出去，把莎士基亚在你心里的记忆赶出去。

保姆对你的照顾和对你儿子的一样多。

她爬上了你的床。

你没有勇气也没有力量把她赶走。

她认为可以占据一个位置。但是你知道，任何人都不能取代任何人。

你想让她明白必须要明白的。

时间一个月一个月地过去了，一年一年地过去了。

她照顾着你的小男孩。她确定这足以保证她在你身边的位置。

你还在尝试让她明白她的错误。

和她，无法进行任何交流。

她属于那种无法沟通的人。

任何道理对她都讲不通。

你试过了所有办法。

温和相劝丝毫不起作用。

怒目相对丝毫不起作用。

什么都没能动摇她。

她的智力有限,却顽固十足。她不断故伎重施。什么都无法让她稍作改变。她甚至把自己的固执当成了美德。

她的智力有限,但那一天,她发现你将她打发走,喜欢另一位女士时,她的报复心却是满满的。

她要报复。

她要报复。

她把你拽上法庭,用疾病、疯癫和死亡敲诈勒索你。

她把你拽上法庭,用一切罪名控告你。

你要为此付出代价。

你将为此付出代价。你将从各方面付出昂贵的代价。

法庭以你曾经答应娶她为由命令你支付一笔年金。

法庭给你定了罪。你不是天使。你比其他任何人都了解她。你将付出代价。

这能够让她安静吗?

这不足以让她安静。

她有恃无恐。她要得到更多。她要得到你的钱。甚至你破产了也没能让她安生。她嫉妒。受到致命的伤害,她盼着你死。她想让你的所有财产都被没收,你的版画、油画、书籍、画笔、颜料,所有的东西。

她嫉妒。嫉妒你的财富,嫉妒你在绘画方面的成功。嫉妒亨德利克,你的新女仆,你的新爱人。

她贪得无厌。她将使你的生活更加艰难。她要你承受所有的敲诈勒索。

她不厌其烦地对付你。不断重复。

和她,无话可谈。

应该把她关起来。

她被关了五年。

她大叫。大叫着要报仇。

她疯了。非常危险。

她混淆了爱和爱自己。

她以为爱你。其实她爱的是自己,是她自己而已,而你对她的疏远是对她无可救药的伤。

她要独占的爱,她要独占所有的美德。

她会报仇的。她报仇了。

她被关了起来。

人们试图让她闭嘴。让她恢复一点理智。找回一点安静。

五年还无法让她安静。

然而提图斯,却一天天长大了。

他也喜欢亨德利克。对他而言,她不是后妈。这是她自己也不会赞同的欺骗。她是他的另一位母亲。

亨德利克。亨莉叶特:爱人的新名字。

她将是你生命中第二个重要的爱人。也是最后一个。

她将不会离开你。

你直到离开人世时,才离开她。

她看护着你。她看护着提图斯。

你又开始画自己的脸。

你老了。

从前无法接受的,你现在能够接受了。

你不害怕在作品中刻画时间。

重新找到了爱情之路,你心里的负担小了些。

你的忧郁依然未散。

亨莉叶特的爱,儿子的爱,还有所有有着善意目光的人的爱都只能暂时减轻这已经钉在你身上的绝望结局。

你重拾生活的兴趣。

你孜孜不倦地工作。

你是要在爱和工作中得到救赎。

但是一种无边的疲惫常常压迫着你。

第十五章　沉默

人总有不想说话的时候，而且还将会有不想说话的时候。

那些日子，你安静地、一动不动地站着。

那些日子，你不曾留下任何痕迹。

在那些日子，你不画。你不想画。或者说你觉得画不出来。

也许你曾试着去画。

你爬到楼上，那是你的画室。

你穿上画画时穿的旧睡衣。学徒和弟子都不在。你给他们所有人都放了假。你要一个人待着。不要让人打扰你：你下达了这个命令。你希望能够安静地工作。现在没有人来打扰你了，但是你却发现事情并不如你所愿。开头往往很难。但你还是要承认有些时候什么也没干的事实。那些一无所成的日子。你完全明白，那些日子,漫长的时期。

你独自一人待在画室里。

和每次上楼工作一样,你向深爱的女仆亨莉叶特道别。你拥抱她。你对她说:"我上去了。"她对你微笑。你需要她,有了她的存在、她的微笑,你才能投入工作。你上了楼。她听见你让所有人保持安静的命令。她完全领会了这个命令。她认可这个命令。她遵守这个命令。因为爱你才能做到这样。不要发出声音,她这样希望着。她用这样的词句鼓励你:"好好作画!"她没有料到这一天和往常一样,你不在作画的状态。你当然什么也没对她说。同样,当你感到工作的重要性或者狂热地想创作时,你还是什么都不对她说,这是两种完全不同的情绪,但都是工作的情绪。你什么都不说,因为你知道只要证实你身上产生了这些好情绪,你就可以好好工作了。

然而今天,和所有那些毫无创作激情的日子一样,你感觉不到一丝能量。你感到自己身上的一切都在萎缩,几乎要瘫痪。有一种疲惫使你无法承受,你感到精力衰退。

但你还是要和气馁思想作斗争。

你拿起调色盘和画笔,你准备好颜料。

坐在画架前,你等待着。

你等待着有利于创作的时刻。

曾经有一天，当你面对全新的画布发动攻击时，几个动作就足以使你重新开始工作，使你重新找到属于你的节奏。但是很多天过去了，你依旧没能找回自己的节奏，也没能找回原来的心情。

你离开凳子。把自己的前额贴在窗户上。你看着窗外经过的行人。尤其是漂亮的女人。你看着她们一个个沿着河岸离去，如同你的梦想。你看着雨落下来，你听到了雨声。你也听到了房子里的各种声音。不论是温和的还是大声的，你都听到了。这是一个孩子的声音。亦或是你心爱之人的声音。一个不顾规定放声大笑的仆人。一个怒气冲冲的邻居在使劲发牢骚，你不知道是针对谁，也不知道是为了什么。你只知道他们活着，他们所有人，都忙忙碌碌地活着！效率和美的烦恼不会来纠缠他们。他们天生有能力。他们不需要和天使搏斗。他们做着他们要做的事情。

但是你呢？

你的工作从何而来？还有你的那些义务？要遵守的期限？如果像经常出现的情况那样没有订单，你就不会有工作，也不会有期限。你要从你自己身上寻找原因，你要问的是你自己。而且即使订单滚滚而来，也不是打个响指就能开始画画。

他们做着他们要做的事情。

他们是手工艺人、公证员或者商人。他们是干着活的工人。他们的日子一天天过去，也许每天都很相似。他们没有特别的苦恼。当然，他们也有心情不好的时候，但他们的心情不会影响日常的工作。他们的工作保护着他们。至少你是这么想象的,哪怕是用你的梦想取代他们的现实。至少你是这么希望的。

你离开窗户。你走近壁炉。炉火是熄灭的。你来的时候没有费事点着炉火。你觉得够暖和了:你还希望着可以开始工作。在这样的季节,工作和专注会使你感觉温暖,无须点燃炉火。然而,你没有开始工作。由于站着不动,你感到一种令人不适的寒冷。光线很暗。无需太多光线,甚至只要一点点,就可以为创作提供良好的条件。很明显,一切因素勾结起来要使你最近的绘画创作失败。

但你不是容易上当受骗的人。

你很清楚,从前无论哪个因素都不会阻碍你的干劲,你的意志会把它冲破,你最终会拥有成功的快乐。你很清楚寒冷源于自己的空虚,今天,是你自己感到束手无策。

你走近壁炉。真的有必要费力点燃炉火,把它烧旺,让炉火熊熊燃烧吗?

你感到疲惫不堪,仿佛付出了极大的努力,然而你什么也没做。你跑到床上直直地躺着,那段时间,这张长沙发成了你的庇护所。也许,你可以在那里重新找到失去的力量。你犹豫着。你感到口渴。你很想喝一杯喜爱的啤酒——但是,要喝酒,就得下楼,就要承认你的失败。你饿了。但不幸的是,还不到吃饭的时间,还早着呢。

吃点东西也许能给你力量。

吃点东西也许能使你平静。

但是同样,你必须下楼。

第十六章　财产清单

你去世前的第十三年,你的财产被列了一张清单。执达员来到你家。他们来此的任务是做记录。你的债主们要求他们这样做。法院给了他们法律依据。你无言地接待了执达员。你没有选择。陪伴你日日夜夜的妻子也在。当他们敲门时,是她开的门。是她带着他们看你们的房子。她很少说话,能不说就不说。她礼貌地做着法庭判决要求你们做的事。你呢,你一言不发。跟着他们。他们一共两个人。你看着他们。听着他们说话。如果他们问你问题,你会回答他们。但他们没有提问。他们忙着他们的工作。一件东西接着一件东西地做着记录。他们从门厅开始。接着到候见厅,然后他们去了后面的房间。他们做着记录,做着财产清单。他们不带任何情感。他们只是完成他们的工作。

有静物画。

有小的风景画。很多小风景画,你画的或者刻的。还有些是你尊重并欣赏的画家的作品。你一向喜欢收集喜欢的艺术家的作品。

你把这些画都堆在一起。

有你画的自画像。

有男人头像。也有女人体。

有一面大镜子。还有很多镜子，尺寸小一些的镜子。在你所在的国度，人们非常喜欢镜子，无论冬夏，人们都想抓住室外的光线以改善室内光线。那里的房子进深大，光线很难进入房间深处。在你所在的国度，人们喜欢用蜡烛和灯弥补光线难以进入室内的不足。

那儿有一幅你自己画的《耶稣落架图》。

六把椅子。

一幅廷臣画像，也出自你的笔下。

一些名家油画和版画，有数十幅，数百幅。这些是你同时代的画家或者在你之前的画家的作品。有些很有名，有些没有名气。但你对所有人都很友好。有时候，他们是你的伙伴、说情者和导师。有部分作品挂在墙上。剩下的，更多的作品堆在地上，一幅挨着一幅。你会经常把它们翻个面，对你自己已完成的画也一样。你不可能看完所有这些画，也不会经常去看。有些日子，有些时刻，你会去看，但这些日子、这些时刻是不可预见的，就好比某一刻，人们会重新打开一本已经读完而且很喜欢的书，什么时候会去看是不可预见的。

那儿有一张床，床上有一个长枕。

执达员做着记录。他们不喜欢多话。还有一些甲胄和头盔，七把西班牙椅子。他们要做的财产清单将会很长，有363项，他们现在还不知道，你也不知道；他们不知道十三年后你将去世，你也不知道，无论是他们还是你自己，任何人都不知道；谁也不知道，在你生命结束的时刻，这些东西只剩下了五十来件。还是不知道的好，永远不要知道：无论如何，没有选择。

当时，什么都没有被漏下。

比如三件男式衬衣，六条手帕。

执达员拿了薪水就是要做记录的。

一幅你画的基督头像。还会有许多幅别的画。

一幅《耶稣落架图》，一幅《耶稣受笞图》，还有一幅《耶稣受难图》的草图也被记了下来。你并非按照这个顺序创作了这些画作。甚至也没有按照这个顺序摆放这些画作。它们就这样被放在那里。只有死亡才会时而回归秩序。只有死亡，才会按照历史表面所显现的秩序建立时间顺序。生活，并非有序继续。生活是无序的，混乱的。你的《耶稣复活图》创作于《埋葬基督》之前。

但是，执达员不会提出这些问题。他们做着执达员的工作。他们做着记录，根据哪些东西还属于你，哪些东西明天或者更晚的时候将不属于你的原则，谁也不知道的日子和时刻。

一件接着一件地记录下来。

他们从前厅走到后面的房间，然后又来到陈列室，那里摆放着所有让你着迷，让你快乐，或者仅仅是对你有用的东西。

他们停下来，记录下四把普通的椅子。他们记得很详细："普通椅子"。还有四个靠垫。还将有其他的椅子。这些椅子是给朋友，有时候是学生，有时候是顾客坐的，总之是络绎不绝的人。在这间单独的房间里有一张橡木桌子，二十来幅画，有一幅《耶稣受难图》，还有一幅女人体，它们紧挨着，你并没有故意这么放，没有人说什么，也许谁也没有注意到，你更喜欢这样放。他们记录着，安静地、守规矩地工作着。在后面的房间，有一幅老人头像，一幅你花了大价钱买来的凡·艾克①的画；那里有很多意大利画家的作品，提香、乔尔乔内、拉斐尔，你让所有这些画家来到你这里，而不是到他们那里去欣赏他们的作品。那里有勃鲁盖尔②、鲁本斯③、克拉那赫④的版画，一幅雅克·卡洛⑤的《耶路撒冷朝圣图》。为了能够随心所欲地仔细观赏这些画，你付出了多么大的代价啊！

然而现在他们看到这幅你画的灰色单色画《瞧这个人》；画中的耶稣表现得像一个普通人，处于拮据、没有防备能力的状态，你也一样，竭力想变得默默无闻，表现得像"瞧这个人"；执达员走进

---

① 扬·凡·艾克(Jan Van Eyck, 1385—1441)，尼德兰画家，早期尼德兰画派最伟大的画家之一，也是15世纪北欧后哥德式绘画的创始人。——译注
② 彼得·勃鲁盖尔(Pieter Bruegel, 1525—1569)，尼德兰画家，一生以农村生活作为艺术创作题材，被称为"农民的勃鲁盖尔"。——译注
③ 鲁本斯(Peter Paul Rubens, 1577—1640)，佛兰德斯画家，是巴洛克画派早期的代表人物。——译注
④ 克拉那赫(Cranach, 1472—1553)，德国画家，镂版家。——译注
⑤ 雅克·卡洛(Jacques Callot, 1593—1635)，法国版画家、素描画家。——译注

陈列室，注意到和那些盔甲放在一起的一堆杂乱的半身雕像和石膏像，那里还有一些稀奇的贝壳、海洋和陆地动物的碎片和满满一盒矿石，因为凡是有色彩有光线的东西你都觉得新奇。执达员开始显得有些累了。他们主动休息了一会儿，看他们的样子，你猜测他们马上会有所松懈，但是他们努力不表现出来。他们拿着薪水可不是让他们流露出疲劳的样子的。他们等会儿可以休息。现在，他们要作记录：一个小圆柱，一个锡壶，一些来自东印度的高脚酒杯，一个撒尿的小孩，一尊皇后雕像，按照你的兴趣和品位从世界各地收集来的各种各样的珍品，各种旧货，如此之多，以至于执达员只好用数字把它们记下来："47件天然物品""23件海洋或陆地动物样本"。如果一件件全记下来，要好几天时间，那会让人疯了，没有必要；执达员可能觉得这堆东西没有价值，他们开始感到厌倦了，尽管他们没有表现出来。

在候见厅，他们看到了更奇怪的东西。执达员们几乎要停止记录。他们振作起来："一个经过伦勃朗修饰的死人头颅"。他们要完成自己的工作，而他们的工作不是停顿，甚至也不是思考一下他们作记录的职责。他们注意到你把别的艺术家的作品做了修饰。他们能看出来。但他们来这里既不是为了对此进行评论，也不是进行解释。他们只是记录下来。也许，他们认为这样会带来增值。他们来这里就是为了估值。他们已经发现你修改了一幅《万物虚空图》，接着还有一幅《乐善好施者》，另一幅《万物虚空图》，接着还有另一幅，"虚空的虚空，凡事都是虚空……日光之下……都是虚空，都是捕风……"，《传道书》中的话。这些头盔、甲胄、火枪和手枪是虚空；自从你画好之后一直保存着的这些号角和喇叭、这门小炮和这些长戟，强者的象征、战利品，是虚空。在你年轻自负时主动进入角色而作的皇帝半身像是虚空；所有这些你花了或多或少的价钱积累的、收藏的、购买的，但你并不太重视的物品，是虚空。甚至这把他们在衣橱里找到的小竖琴也是虚空……现在要对所有这一切说再见了。虚空的虚空……你知道，你看见了，你从母亲的嘴里听见了，从你祖母的嘴里听见了，"我们一无所有……"，然而，对于我们自认为知道的东西，往往需要很长时间才能获得检验；"虚空"：即使你读到了，写到了，画下了，也毫无用处，你还没有真正理解这个词；要等到这些执达员们来到你家才彻底明白；你从来没有估计过这些极其简单的可怜词语的真正含义和准确定义，直到这一天这份长长的清单列出来，清单上列的是你曾认为自己拥有的，但你将要放手的东西，就在明天，或者再晚几天，谁知道呢，最后破产的日子，你生命的最后的日子。

他们继续工作。记下一幅以写实手法表现的以牛为题材的小油画；另一幅《耶稣受笞图》和一幅出自你手的女人体习作，这次又是多么凑巧地摆放在一起啊！财产清单的编号为302和303。

他们翻了所有的东西，包括角落里和隐蔽的地方。

这会儿，他们的目光又落在了一幅被你修改过的骷髅头画像上。你已经忘记有这么一幅画，如同忘记了这幅仿佛在梦想的少女肖像。再次看到这幅多年前创作的画，你是那么地惊讶，那么地激动，泪水不可抑制地流下来。但是除了日日夜夜和你在一起的伴侣，谁也没有发现。她在那儿，在你身边。她完全了解你。她不需要确认就能知道你怎么了。她爱你，再没有比爱更使人了解一个人了。你略一转头，她便能猜到你的伤心。你的忧愁。执达员，他们没有留意。他们已经走进下一个房间了。他们刚刚经过"一个装满模子浇注出来的头像的东印度篮子"。他们记了下来，一开始没反应，后来相互看了看，好像有些奇怪；他们不太习惯，但是最后他们又继续工作了。任务不能等。他们已经忘了被你修改过的死人头像。

为什么你会修改这幅画？是不是你觉得买来的时候这幅画还不够完美，没有画完，没有达到应有的效果？或者第一印象很好，但随着时间流逝，画变得有些模糊不清，使你有些迟疑，发现画有些不足之处？可以确定的是：你又拿起画笔，修正了不足之处，改过了错误之处。你对这幅死者头像不满意。于是你要对它做些修改，要亲自动手，要和它一起干活。

你把这幅骷髅头放在你面前的画架上。你要修改的真是这幅画吗？还是你对画中的与死亡相关的画面不满意，或者是死亡本身让你不舒服？

人们不会仅仅因为艺术品位不同而修改死亡的画面，更不会为了消遣而修改。

执达员从你面前走过。

大工作室，小工作室，哪里都不能漏过。哪里也没有漏过。他们记录着。他们把所有东西都记下来了。他们打开了几个装版画的画夹。这样的画夹大约有一百来个，满得要爆开来。他们几乎无法掩饰自己的头昏状态。他们毫不迟疑地决定，并用坚定的语气让你告诉他们每个画夹里装的是什么：老布勒哲尔①的版画，拉斐尔的版画。克拉纳赫、提香、荷尔拜因的名字被提起。他们记下了。有时候，他们会向你请教，以确认要记录下来的名字如何拼写。不过，你自己的名字是提到次数最多的。伦勃朗画的草图，伦勃朗画的草图，其他草图。这些草图有数十幅，数百幅，他们没有数，他们没有数这些你将要放弃或者已经放弃了的未完成的作品数量，草图永远不会神气地出现在财产清单里。

执达员已经走了，他们去了厨房。他们在那里继续工作，不过速度快多了：一个锡制水壶，几个大小形状不同的平底锅和汤锅。

---

① 老布勒哲尔（Bruegel l'Ancien, 1525—1569），荷兰画家。——译注

几把旧椅子。一张小桌子。一些盘子。他们没有记下具体数量。他们得到主人邀请坐下来歇一会儿。今天的工作量很大，太大了。甚至在一些富有的财主家也不会有这么多的工作。

执达员在旧椅子上坐下来，即使被查封了，但也许这几把椅子会给你留下来。给他们倒了喝的。他们没有拒绝。他们就等着喝呢。你在那里。坐在他们旁边。他们和其他人一样。他们忙完了工作，谈起了日常的生活情况，讲述着小区里的故事，公正与不公正的故事，有时候因为说的内容笑笑，他们没有感到惊讶。你一言不发。和他们一起喝着，一言不发。他们非常乐意地喝了第二杯，接着毫不犹豫地喝了第三杯。他们的话匣子打开了，谈话热烈起来：谈他们曾看到过的目不忍睹的事情！从拒绝到接受诱惑，他们采取一切手段避开执达员的工作也是可以理解的！他们笑着，无视执达员工作的严肃性。你不能怪他们。他们做了他们的工作。你做了你的工作。你生活的方方面面刚刚在你眼前一幅幅展开。这可不是轻松的考验。他们只是做了一份财产清单。他们每天都在做着不同的财产清单，这是他们的职业，现在，他们受邀在你的厨房里小憩片刻。他们没有理由拒绝你们的好意。亨德利克，她，缩在后面，站着。她知足地喝着一大杯水。她听着。她看着。她知道情况十分严重。你的大部分财产都将被没收。她从心底了解你。即便她没有表现出来，但是她明白。她清楚你的热情。她清楚你不喜欢谈生意，却喜欢乱花钱，而且算术还很差。她努力使受损失的程度得到控制。她做了所有能做的事。她理解。如果没有对你的深深爱意,她是不会理解的。她会无法忍受。

你们的目光越过执达员的肩膀交汇了。

她对你笑了。你也想对她笑,却做不到。现在不行。在这两个当着你的面翻动你生命中所有财产的执达员面前不行。

亨德利克给他们倒喝的。又一次,你们的目光交汇在一起。

你还有十三年时光,但你并不知道。谁知道呢?

财产清单完成了。

对此,你心中有数了。你现在知道什么东西迟早将会失去。第一次,你对它们的使用有了节制。

服从财产清单的记录,已经是失去它们的第一步。

人们告诉你,紧紧抓住这世上的财物毫无用处。你已经有点明白了。当财产清单完成时,你更加明白了。从你孩提时期开始,就听母亲说:"我们一无所有。"至理名言啊。你声音中的轻颤显示了这句话的严肃性,使其显示出一种不带感情的庄严。"我们一无所有。"她想教育的人是不是你?她也想让自己知道这个道理,不是吗?"我们一无所有。"也许要不断地重复才能更好让自己信服,才能让自己真正接受这个难受的事实。

三件男式衬衫。

六条手帕。

一幅基督头像。

一幅《耶稣落架图》。

虚无。

看着堆在一起并且被编了号的你的所有财产,感受着始终爱你如初的人的目光,你比任何时候都更加明白:其实,我们一无所有,一无所有。

第十七章　孤独

这个清晨,你孤身一人。

孤身一人,诗人的孤独。

孤身一人,所有人的孤独。

来时孤独。

去时也将孤独。

在来与去之间:有幸有某些相遇;有幸有某些存在。

始终,是孤独与孤独相遇;孤独的人与孤独的人相识。

那是唯一的爱。每个人的降生,以及此后他的一生。

你与一些人的脸相遇。

你喜欢这些脸。

你让别人喜欢这些脸。

第十八章 审判,被审判

可是今天你为什么这样看着我?双唇紧闭,眉头深锁:不,这不是你——你,是令人感动的;你,是容易亲近的;你,是有人情味的兄弟!

差别出现了。是他。是另一个人:因为严肃得阴沉,几乎是一个陌生人。

我做了什么?我又犯了什么错?

他的目光紧盯着我,审判我,检举我。

我永远不愿这样看着自己。

他在审判我,目光四处追随着我,再不放开。我能看见他,我能感觉到他。甚至转过身时,我也知道他在我背后审判着我,在给我定罪。什么证人和辩护都不需要:他主意已定,我看得很清楚。

他的经验已足够让他作出判断。

然后,有什么东西在告诉我,他将不会迟疑地询问我。

一年年过去了。皱纹更深,眼袋更重。脸颊也消瘦了,大衣的立领便足以包住。嘴巴发苦。

他感到疲劳。

轮到我分担这疲劳了,是我耗尽了他的耐心吗?

有什么发生了。

我是不是没有看清楚?

我感到他的目光似乎蒙上了一层忧伤的面纱,有着一种不再是简单评判的严肃。

一个问题正在酝酿。

突然我听到了这个问题!他没有张开嘴,但我听见了,比从活人嘴里发出的声音更清楚:

"你这一生都做了什么?"

一个问题,对,他向我提了一个残忍的、可怕的问题。

由于什么样的不幸才让他向我提出了这个问题?

由于他对自己怎样的怀疑才产生了这个问题?

"你这一生都做了什么?"

我不会逃避这个问题。也许我永远不会逃避这个问题,哪怕要回答千百次。

任何辩解都无法为我提供庇护。

尽管忧伤,但他的目光中有着指责。我不会逃避这指责。也许忧伤更加重了指责,深深的怀疑。

他指向我的弱点,盯着我的错误,追问并揭露我的误入歧途。

"你这一生都做了什么?"

他在估计我的虚荣心,试探我的骄傲程度,审视并衡量我的犹豫和轻率。我那些无用的长篇大论,我的懒惰,我的无边无际的幻想……

他的目光中没有一丝笑意。

温情、怜悯、同情,将是另一次的事情。

第十九章　自省

我也看见了镜中的自己。

我也看着自己。

这一次,没有任何借口。

我要看的不是你。

也不是我认识的人,或者我觉得不认识的人。

这一次,要看我自己,我不会逃避。

然而,对我自己,我也想休息了。看够了!一年又一年,每天早上起床时就会面对面!一年又一年,每天,在自己的镜子里、公共场所的镜子里、卫生间、商场、各种橱窗里都能看见自己,这种情况不会结束。

够了!

然而，我还是要看自己。

今天晚上，我强迫自己做你经常做的练习。

大约有八十次做这样的练习时，你留下了痕迹或证据。但是，有多少次你毁去了痕迹？有多少次你遗失了痕迹？

轮到我试试了。

我能经受住这个考验吗？

我有丝毫的能力吗？

我要试试。

但我不是画家。毫无绘画才能。也毫不因此而遗憾。

一些可以使用的词汇。一支笔，一些墨水，一些纸。这些就是我的全部工具。

我试一试。

然而，对我自己的这个形象能做什么呢？这个熟悉的形象？

这个陌生的形象？

进行描述？

那得要这形象值得这么做！至少我要能看到除了老习惯、老毛病、老做派和老缺点之外的东西。需要有导演和化妆师的才能，剧作家的才能——要有所有必要的才能，以免落入简单描述的危险！

我要怎样处理这个脑袋呢？无数脑袋中的一个，就是如此。

我看着自己。

我坚持着。

我甚至不欺骗自己。

我看着自己。一点儿也不感到愉快。

观察自己困扰了我。

我的这个形象从我身上分离开去，如同讨厌的细枝末节。

我自己的这个形象是我年龄的表现。

是时间在我身上留下的形象。

她向我讲述我的过去，询问我的将来，把一个不确定的现在强加给我。

说点别的吧，请你！

面对着自己。

尽管我不愿再提,这些老问题还是冒了出来:还年轻吗?已经老了吗?还有什么魅力?已经太迟了吗?看起来很蠢,真的吗?已经到这程度了?而别人也像今晚我看自己一样看我!

我可以问自己是否还能够撑得下去。

但是今晚这个问题也让我不安。

现在,我感到头痛,真的。我常常感到头昏沉沉的,很痛苦。

我的眼睛也很酸涩。

衰老了。

已经很长时间了,我的视力只能看个大概。是我太想看了吗?太喜欢看了吗?

一副眼镜,又一副,又一副。

分别用来看远的东西。看近的东西。看不远不近的东西。

努力看清东西。

糟糕的视力。

糟糕的脑袋。

不久,我每天不得不刮几次胡子,如果我不想让自己形象邋遢的话。

体毛坚硬,胡须浓密。

不停地刮。又长出来。再刮。

"你很扎人!"

我制造出来的效果。就是灰白的脸颊。只要几个小时不刮胡子就足以达到这样的效果。

灰白的胡子,一天比一天多。

还有年龄。始终和年龄相关。

十五岁时,我们焦急地等候脸上长出第一根胡子:这是男子汉的标志。

亲爱的伦勃朗,到了我这个年龄,你这个年龄,我们会焦急地想要什么样的标志呢?

下垂的脸颊,松弛的!

沉重的轮廓,深陷下去的。

和镜中的这个人交错而过到底有什么好处?和他经常来往到底有什么好处?

对他而言,活着就足够了。

凑合着活着:已经是考验。

令我惊讶的是别人。

别人,有时候,碰上就是幸福。

面对面地看着。

你不怕这个考验。你重新开始进行这种考验。

有时候,你从中得到乐趣。

我也从中得到乐趣,有时候。

然而今天?

沾沾自喜的时候更少!

甚至别人给我展示的照片,往往是我自己的照片,都会令我感到不安。拐角处理得不好,真的吗?还是光线?那天的光线很差!光线是唯一的、真正的罪魁祸首吗?真的吗?

不。我很清楚应该指责的是照片中的人本身——如果说这样的指责还有一点意义,那么这是他能够变好的唯一机会了。

只有在不把自己当作自己的时候,我才对别人给我看的自己的照片有感觉。这种情况下,一切怀旧的忧伤情绪都可以出现。所有虚伪的懊悔——也可以随意表现。

当你看着自己的时候,当今后你这样出现时,不是你本人,更不是你的人物令你抬起目光看向自己。你的人物,你已经把他打发走了。化装用品,被扔掉了!不会了,你不再扮演乞丐和苏丹,也不再扮演有产者和士兵。当你抬起眼睛看向自己时,你要查问的不再是外表。你要寻找的是这副皮囊深处的东西。你要探寻的是你目光所及的最远处。你是要深刻反省自己。从而重新回到众人之间。

我看见自己。我看着自己。

然而我这样审视自己毫无意义,我没发现任何值得这样审视的东西。

结束吧,可笑的举动!

"最大的恩典,是谦卑地爱自己……"

这是乡村牧师的话……

这个恩典没有赋予我。我很想得到这个恩典。但也许我不配得到。我能不能抱有希望呢?

我一直有这个疑问。

我宁愿看我喜欢的人的脸。我认识的人的脸,以及并不认识但交错而过的人的脸。

我看着你的脸。

岁月改变了这脸的外貌,但我觉得看到了外貌改变之后的依然未变的东西。

我在这脸上看到的也许不属于这张脸。

我从这脸上揣测到的东西不会自己说出来。

第二十章　美的责任

十五天来,我什么也没干,真的。我只是令人讨厌的懒虫,我太清楚了,你不必用这种神情看着我!我知道,你要责备什么。甚至在你对我说出来之前,我已经认识到了!自己的缺点,我太了解了。十五天,是的,十五天无所事事,只是玩乐、四处转悠,十五天的日程安排都是娱乐、闲聊和各种方式的消遣。看一场电影,听一场音乐会,读一本简单的书,见一些朋友,带给他们的就是烟雾缭绕和絮絮叨叨的话语,我们喝酒,交流一些毫无价值的信息,没有任何认真的、严肃的内容,为了看简单的笑话而买一份报纸,在街角小酒吧喝咖啡,在这儿或那儿打听某个消息,做这些事不是为了娱乐吗?仿佛我需要娱乐一样!这一切都是为了不工作,特别是不要写作,这真是太妙了!什么借口都行!如果需要,我甚至可以洗盘子、整理床铺、做所有家务,我可以从酒窖一直收拾到阁楼,总有要收拾的地方,有人专门负责收拾呢!他们也一样,害怕生活变糟,害怕空虚,害怕死亡,于是他们不停地收拾。我呢,我工作的时候是不会收拾的,没法收拾,我怎么收拾呢? 一次只做一件事,我亲爱的,你明白的! 我在工作的时候,纸、信件、报纸、衣服、碗碟都堆在了一起,你应该了解这种情况,以你的方式。所有对房间的严格要求和收拾的动力都消失在工作中,而履行作为人的小责任、参加一些活动、偿还欠下的债务、整理文稿这些事情都可以推后再做,这些都可以等,现在要考虑的只有一件事情,就是要投入的战斗,要完成的作品。在这样的日子里,重新感到热血沸腾,感到内心的喜悦和巨大的疑虑,这时候工作占据了所有的位置,没有给其他任何东西留有位置。

然而,到现在已经十五天了,我什么也没做。没写一行字,没有做一丁点儿笔记。不停地逃避。我自己成了兔子,追赶我的是哪个恶魔?

蹩脚的逃亡!
可悲又蹩脚的手法。
你在那里,此时,你在我的面前。
是你自己的面孔。
是你的年龄。
我几乎不敢抬起眼睛看向你。

你会是我的听忏悔神甫吗？

仅仅作为我不称职的听忏悔神甫？

你在我面前的墙上看着我，我把你挂在那里，在我大胆工作的桌子上方。

我埋头写作的时候，看不到你。有时候这样更好！但是，只要抬眼就能看到你。

当你的眼睛处于阴影中时，从你的眼中我看不到责备。但是，当你的脸被照亮，当光线爬上你的前额和睁开的双眼，问题就提出来了。也许这些问题你也问了自己。不管怎样，你问了我这些问题："你的时间是怎么过的？你没看见你的生命至今毫无作用、毫无意义吗？这样躁动不安有什么用？至少你可以照顾老母亲啊？你有没有照顾体弱的父亲呢？你是不是只关心日夜陪伴你的妻子？那个永远支持你、肯定你的人，总之，世界上没有人像她那样爱你。你给了孩子们和朋友们什么样的鼓励？孩子们是多么需要你的鼓励，而朋友们只要你一个手势、一句话。就因为这些，你就可以不工作！然而你没有那样做，你只关心你自己。总是玩乐的节目和无止境的自夸。你为自己挑了一件新衣服，一面额外的镜子——你家这面镜子放的位置非常好，足以调动你的全部注意力，你感到自豪！你毫不抵抗地在快乐的欲望——美食前让步！一切让你远离自己的东西对你来说都是好的。你毫不抵抗地在愤怒、贪婪和淫乱面前屈服。所有舒服快乐的事你都不陌生！就算这时候世界要爆炸！和你有什么关系？"

我听你说,认真地听你说。

我垂下眼帘。而你继续说着。我很清楚你还没有说完。我听你说。你提高了音量。我怎么听不懂你说的呢？你不停地说着。如果我不知道你主要是出于好意而这么说的,我怎么能接受这样的指责,这样的命令呢？我可以为自己辩解。问你有什么权利这样没有根据地指责我。你从哪儿找来这样的罪行！但是,我没有说话。我完全明白从你的诉讼中能抓住的真实信息。我知道你并不是想害我。我听你说着。认真倾听着。你继续：

"重新担负起你的责任吧,懒鬼！好好想想！你应该令你的一生有意义！随便找个借口,让日子一天天溜走可不行！今天早上天气好吗？碧空万里无云,你是不是觉得九月的阳光无以伦比？那么好好欣赏这美景吧。你也来吧,你有这权利。这种美也许是最宝贵的。接受它。尊重它。但是,请你不要仅满足于单一美的愉悦。你应该把它变成自己的财富,以便和需要它的人以及没有看到它的人分享。你要把它化为自己的力量,以便在你遇到世界上的丑恶和人类的卑鄙行为时,用它来迎击。相信我,美,不是一个借口,它是特别的恩惠。无论你在哪里遇到它,要懂得证明自己值得拥有它。但是,不要沉迷于愚蠢的欣赏,不要把它变成你众多玩乐日程中的一项。应该想到传播美的责任。我不是在教训你。我是给你提一个有道理的建议……"

有一刻,你沉默了。

我听见了萦绕在你周围的静默。

我也感受到自己周围的静默。

接着你又说:

"看着我!"

我看向你。

这是你的最后一幅自画像,是你最年老时候的画像。我觉得你哭过了,即使你的眼睛周围已经没有泪痕。你沉默着。我觉得你比任何时候都沉默。你表现出来的愤怒不过是装出来的。一个激动的时刻,你急于要对我说出想说的话。此时我看着你,我发现我错了。不是愤怒,也不是斗志。

只是威望。明白人所知道的真正的威望,因为他们已经经历得足够多也爱得足够多。

这次,我看见了你的手,也许是第一次看见。你的双手叠放于身前,一只放在另一只手的手心里。你祈祷的时候,手就是这样放的吗?

不过,你是在祈祷吗?还是只是在休息,归于宁静。

你的声音再次响起，是从没有过的平静。你拥有这声音的时间不会太长了。你继续和我说话的时间也不会太长了。也许，存于世上的时间也不会太长了。

你仍然对我说着：

"你已经得到的，也给其他人看，让其他人喜欢。如果你不这样做，即使是美，即使是恩惠，也会长霉。"

我重拾工作。

我努力工作。现在我知道为什么还要不断尝试。能坚持多长时间就坚持多长时间。

第二十一章 笑,哭

哦,这一次你赶在了我的前面。

你从没有显得如此之老。

你的身体从没有如此佝偻,背和肩膀在太过厚重的围巾下弯曲着,仿佛被岁月压弯了。

小老头!

然而在你画的脸上看不到一丝伤感。相反:我很少看到你如此活泼——甚至快乐!

眉毛挑起形成一条曲线,嘴巴微张着,露出掉了牙齿的牙床,左耳上带着一个耳饰,白色无边软帽紧扣在头上,从此你将不再介意"别人会说什么"。有人告诉我,你在嘲笑藏在你前面的阴影中,很难发现的你的模特,一位老年妇女,如同三千年前的古人宙克西斯①嘲笑他的模特。

我同意这个说法。

但是,如果你觉得她如此可笑,为什么没有让她走出阴影?为什么不向我们解释她好笑的地方?人们说,那位年老的妇女希望艺术家把她塑造成一位富有魅力的新阿佛洛狄特②,而年老的画家在画的时候笑死了!是不是这次轮到你因为这个原因而冷笑呢?不管怎样,这个借口也许对我们很有用,因为这令你表现出这种情绪!我们并不能经常看到你的这种情绪!

我知道,在涉及对年老体衰和窥伺着的死亡的嘲笑时,一切借口都好。但是,那位年老的妇女,站在角落,有着勾鼻子和尖长下巴的,几乎难以发现的那位妇女已经招认:你对她并不是很感兴趣!

不,你笑的不是她。是我。

我那飞逝的青春,久远的纯朴童年,你都将不会认真对待,我明白,而且我理解你!你那狡黠的表情不会骗人。你假扮小老头。而我认为你已经远远超越了我!你装出内行的样子。你在拐弯处等着我。你已经很高兴地看到我走错了!你那狡猾古董商的样子让人感觉你刚刚骗了一位顾客。其实,你笑的是我,你有理由笑:我的诡计、调查和所有的烦躁不安正配得上这笑,你是对的,决定

---

① 宙克西斯,古希腊画家。——译注
② 阿佛洛狄特,希腊神话中司爱与美之女神。——译注

不再把自己当回事永远不会晚,因而这笑没有任何恶意,它使得每个人重回自己的位置,这个位置本来是永远不该离开的,但却依然离开了,因为只有先离开才能认清,才能理解真正的必要性,也许才能接受这个位置。

我不会因这笑而死。

相反,我会继续生活,因为我正视并接受这个嘲弄我的笑。

但也许我误入歧途了!那么打断我的话吧!告诉我到底哪里可笑!除了坚持不懈地看着你以外,还有哪里做错了?是不是我对你的骚扰太多,以至于你已经无法承受我的这些问题、意见,甚至仅仅出现在你面前也受不了了?

如果你想以这种方式把我打发走,那么要知道至少这笑容是不够的。

我会坚持不走。

我会顶住。

因为还有一个疑问。因为这个疑问,我会继续纠缠。

不,你笑的不是我。你对我的关注并不比这个满脸皱纹、牙齿掉光的老年妇女更多!

咽下所有的羞愧,驱散所有的不安,我想你会不会把我当作你的同伙。

这个转变是不是对我太有利了？

然而,如果你要逃跑,你不会尝试的是什么？

是的,应该是这样:你请我作可笑的人的证人,你已经让我为我们共同的忧伤和慌乱作证。为什么我们不一起笑一次呢？

你嘲笑的不是那个看不见的人。

你嘲笑的,是你表现出来的。

而你表现出来的,是你那张同样满是皱纹、掉光牙齿的脸,驼了背的小老头的脸。

你嘲笑的,是你自己的老年形象。那位妇女的老年形象只是不相干的画像。于你而言,你的老年不是画像,甚至连一个象征也不是。它就在那里,日夜和你在一起,它粘在你的皮肤上,渗透到你的骨骼中,揉搓着你,使你弯曲,令你的身体咯吱作响,却无法逃避。

如果你笑的是这个,那么趁你还可以的时候,赶紧笑吧！青年人往往嘲笑老年人。可是时间会很快追上来的。现在你也被追上了,你也成了斑皮老苹果,满脸皱纹,一如当年你的老父亲,到处是斑,一如你母亲在她生命的最后一段时间。有多少次,你注意到了他们脸上这些缓慢但确切的变化？在面对日渐衰老的老人时,有多少次你记录了年龄增长和身体衰退的迹象？他们脸上的皱纹、皲裂,还有眼中隐约的不安,你都把他们刻下来,画下来了！数十次,你把这些老人安排在你的面前,他们惊讶于你对他们的兴趣。

他们比你老得多：你是想保护自己，仅仅观察他们和你的差别吗？还是想比他们强，提前探究你不可能避免的东西。

这是住在本街区的一位犹太老人，还有其他几个人；一位带着风帽的老人，或你父亲。你把他们塑造成隐修教士、先知、古代诗人、使徒、另一个你，最终，一个人。这一位，你让他坐在扶手椅上，他的头昏沉沉的，只能用手支撑着；另一位颤颤巍巍地站着；另一位，首先映入我们眼帘的是又长又密的胡子；另一位，只能看到干巴巴的手，挂着一根拐棍。他们每个人都为劳作、不良习惯或者虔诚的祈祷生活所累而衰老不堪，有的人还占了两样。这些也是妇女画像，哭红的眼睛，因为繁重的劳动而满是皱褶的双手。她们穿着旧大衣，戴着服丧期沉闷的黑面纱，或者穿着老太太们穿的毫无装饰的衣裙。你给男人们穿上毛织的衣服，或者用过于肥大的沉重织物披在他们瘦弱的身体上。有时候，你让有些人将疲惫的双手交叉放在膝盖上。大家都可以毫无困难地听从你的指令。他们不需要摆出姿势，也不用扮演不符合他们自身形象的人，他们只需要做好自己。你在他们老年之际出其不意地拜访他们，晚年时候的人们再不能在时间上弄虚作假。时间始终在运动。你惶惶不安地观察它，试图让它停滞下来，尽管你知道无论什么都永远不能让时光停止流转：你心底希望避开它，以推迟生命到期的日子。

观察别人，更主要是观察他们的不同之处。

现在,你已经被时间追上。你不愿哭着面对,所以你冷笑。

六十岁!你那个时代的大多数人都活不到这个年龄!

你笑了。

你等不及地笑了。

你不知道,现在不笑,很快就会太迟了;很快你的嘴就没法笑了,你饱满的两颊、闪烁着狡黠的双眼都笑不起来了。很快,你的眼睛就只能哭了。你的身体不再给你暂息的时候,你必须全力照料自己的身体,你将只能全力照料自己的身体,这身体将使你陷入病痛和虚弱编织的网。

现在,你还可以冷笑。

这样就可以不哭。

至少,对于你即将熄灭的生命之火和你的衰老,你毫不掩饰。

明天,你将用一种更悲伤的目光看自己。你同情自己的命运。你并不总是喜欢隐藏自己的悲伤。但你也知道笑只是暂时的。甚至微笑都变得困难。你试着微笑。你聚集起最后的力量。你让自己站直。你让自己站着。你再次拿起调色盘和画笔。在你从不离身的白色无边软帽下,你的年龄毫无掩藏地透露出来。金色的头发开始呈现灰色。这没什么关系!笑容也消失了,如同陈年的回忆。你将面对面地看到真实情况。你将看到自己变成了什么样子,但你不会垂下眼帘。

没有老年妇女了,也没有年轻男子了,再没有任何人来到你的面前做你的模特。

你将独自一人。

你将孤单一人,直到生命终点。

漂亮迷人的姑娘、回忆、乞丐、富人、外科医生、商贩、犹太人、基督和耶稣受难图,你将他们放在心中。

这一次轮到你,你将自己拿着十字架。

独自一人对着独自一人。

你自己对着你自己,唯一并且是最后的模特。唯一并且是最后的观众。

在你身后,出现了两个大大的圆圈。圆圈没有画完,看起来像拉满的弓。

它们有什么含义?

它们比喻的是什么?

一个疑问继续着。

一个疑问,始终存在。

你希望如此。并非出于让人猜无意义的谜语的趣味,而是因为你就是如此体会的。

一个疑问继续着。

不是一个象征。胜似一个象征。就是一个问题,如同你身后敞开的大圆圈一样敞开的问题。

你将继续生活。你还将继续衰老。

也许今天来看你的人就是这样的。

你的目光将变得严肃、忧伤,但平静。

你的眼中不再闪烁着狡黠的光芒。但也不会有一滴眼泪染红眼眶。

笑够了!哭够了!

我们可以尽情地看着你的眼睛,你的眼中,光芒虽弱,却不会熄灭。

第二十二章　最后的快乐

　　金链子，你还未被宣告破产之前送给她的珍珠项链，还有把她的头发梳拢在一起的梳子，都被她丢在地毯上了，旁边是收拾了一半的床。地上还有刚才她为了追上你而丢下来的衬衫。也许过一会儿，在你睡觉的时候，她会在半明半暗的房间里穿上另一件。

　　你什么都没有注意到。

　　独自一人在床上休息。

　　她已经走出了你们快乐的房间。你什么都没有听见。你睡着了。她已经开始做日常而必须要做的事情。做这些事情，不管是梳子还是首饰，都不是必需的。

　　她还年轻，她精力充沛。

　　她同意和你结合不是为了肉欲，而是出于对你的爱，不过现在职责在召唤她，她要打理一座房子，要照看一个孩子——你的孩子！要下达一些命令。

她下了床,而你还在休息。

时间一年年过去,但你一直没有放弃肉体上的快乐——或者说肉体上的快乐没有放弃你。

她离开了房间。

你仰面躺着,很平静,迷迷糊糊地打着瞌睡。什么也不想。甚至连中断的工作也没想。甚至连你感觉不断衰退的力量也没想。

你让自己沉浸在刚才欢爱的快乐中,没有想任何其他事情。完全的放松。你闭着眼睛。有一刻,你的思想开始漂移。你现在来到了别处。站在一座文艺复兴时期的城堡前,城堡两翼之间是一个宽敞的院子,地上铺着砾石,有轻微的坡度。尽管你想起来曾经也这么清晰地看到过这座城堡,但仍然几乎难以辨认出来。然而,眨一下眼睛,不远处传来的碗碟碰撞声,一点点声音就足以使你明白一切只不过是稍纵即逝的梦。

在某一刻的空间里,你处于半梦半醒之间,你悬浮着的意识产生了一些影像,但只是一些不曾有过的虚假记忆。你听见楼下传来的嘈杂声音。你辨认出儿子提图斯的声音,比其他声音略尖锐一些。他似乎又在抗议:不知道针对什么,也不知道针对谁。他长大了。他不满意这个世界的秩序。他要反抗。他是对的。他拥有青春年华,生活展现在他面前。你想起来了。如果不在这个年纪反抗,什么时候还能反抗呢?这个世界,这个世界的规则,人们强加给他的规则不值得毫不反抗地接受。在你这个年纪,还能感觉到这种抵触。你不会去指责儿子。他的反抗是这个世界的一种尊严,一种敬意。而衰老是另一种尊严和敬意。

不过,现在提图斯的声音听不见了,消失在仆人们的声音中。

你依然迷迷糊糊地睡着。

有人在搬动椅子;有人在准备晚餐的餐桌。生活照旧继续着。你的意识渐渐平静下来。你的思想也一样。

屋外,马车的轮子滚过石头铺砌的路面,一匹马一边咳嗽一边摇晃着鞍辔。男人们和女人们都在工作。你呢,你在迷迷糊糊地睡着。你愉快地沉浸在这短暂的休息中,尽可能长时间地感受欢爱的快乐。

这段时间,越来越短。

你没有动。这重新产生活力的时间。

这段时间,越来越长。

这样的活力,越来越少。

你没有动。

你在等。

等待在你内心最深处重新产生另一种快乐——继续绘画的快乐的时候。

第二十三章　风景

你所在的地方是水乡，土地湿润。
你需要画出从没有见过的山脉。

我所在的地方到处是沥青和石头。我需要想象从没有见过的河流和清真寺的尖塔。

你所在的地方喜欢用地毯，桌上铺着厚厚的桌布，喜欢用蜡烛和镜子——想尽一切办法获得更多光线的地方；所有人都喜欢有光线的地方。
我所在的地方介于南北之间，有着各种不同的风景和气候。
你所在的地方富裕，也有很多美食，有放荡的生活，也有宁静的生活。

我所在的地方是虚假的富裕，一切都要先斟酌考虑，从待客之道开始。

你住的街区，你所在的城市，你都了如指掌。

对城市之外的乡村不如城市那么了解。但是有些时候，你会走遍乡村，观察那里的光影变化。这些地方的面貌促使你创作出了风景画。

你从没有画过自己街区的房子，没画过砖砌的墙，精心搭建的山墙和高高的窗户。

但你画了一座暴风雨中的小石拱桥，你画了在强烈阳光下闪闪发光的树丛，还有来势汹汹的乌云之下摇摇欲倒的农庄。一个小小的人影，一个农民，因为扛着重重的长镰刀而弯着腰，他正准备通过一座阳光为其镶边的小桥。另一个几乎隐藏在阴影中的人好像要走过去和他碰面。不久，他们将会相遇。他们的相遇将会在桥的中央。他们会相互打招呼吗？他们会认出彼此吗？或者，他们会一直这样保持互不相干、彼此陌生的状态？

桥洞下面，停着一只船。但，在靠我们更近的地方，一只船刚刚通过桥洞，船上有两个人正在弯腰划桨。

最左边的阴影中有一座小客栈。几乎很难看出客栈的正面和屋顶。眼睛在搜寻,摸索,四处查看。猜测。突然发现刚开始没有看出来的画面:就在小客栈门前,几个人坐在一辆白色的马车上。眼睛还在四处看,惊讶而又赞叹于在不断变化的天空下和光线中有如此的生活场景,有如此多的隐蔽活动。

在靠近农庄的地方,差不多在画面中央,一个人走在一头牛后面。在更远的地方,画面的最右边,乌云覆盖之下最阴沉的地方,是一座钟楼的灰色尖顶,那钟楼的剪影显得很不牢固而且造作。也许有人会在那里歇歇脚,躲避一下风雨,同时还可以做一次祷告。

暴风雨已经过去,为蓝天和丝絮般的白云让出位子了吗?还是只是刚刚到来?

到底是面临沉重的威胁,还是缓和,这始终是个疑问。

还有悬着的生活。

第二十四章　旅行

我已经和你说过，我到阿姆斯特丹来看你了。

人们告诉我你离开了，说你已经很长时间没有住在这里，说你大概已经住到别的地方了，很远的地方。他们让我明白是我搞错了地址，总之，我碰到你的机会是非常渺茫的。他们不敢对我说出真正的想法，他们认为我是多么荒谬啊。

我去别的地方找你，按照那些我费劲力气收集到的地址。有时候我会在某个地方找到你，有时候，我会在一次漫不经心的长途旅行途中意外地看到你——这些意料之外的相遇也是珍贵的。

我在阿姆斯特丹城里找你，离你的工作室很远，在那些你生活在这片天空下时还不存在的街区找你。我在那里看到了你，非常美好，如花般的年华。我来到柏林、爱丁堡、海牙、华盛顿、格拉斯哥看你；我在这些地方看到了各个年龄阶段的你，有几次是和我一般年龄的你。我在卡尔斯鲁勒碰见了你，我没有想到能在那里见到你。我只是路过那里，而你，你已经在那里很长时间了。除了我，你还看见了别人；你还会看到很多别人。然而，并非所有人都在你面前停下来。很多人目不斜视地继续赶路，想着要见其他人，或者急着结束赶路，或者随意散步至此，他们对风景比对人的面孔更感兴趣——谁知道呢？他们或许偏好某些事情、偏爱某种风格，或者从心里不感兴趣……

但是，也有一些人停了下来，过去有人在你面前停了下来，将来还会有人在你面前停下来。

你会向他们提出我有时对你提出的问题吗？你会像和我说话一样和他们说话吗？

我与所有其他人的不同之处在哪里？和他们比我的优势在哪里——或者不足在哪里？你奉献给大家的并不一样？你要像和我说话一样和所有人说话吗？

我的优势当然在于我有时间来看你，有时间停留。我的运气就是利用了这时间。别人在为生活而战斗，我并非不知，你也可以作证，他们，首先是穷人，即使他们不知道。我也为了生活在战斗，用我的方式，也有你的帮助。不过我有些跑题了。我对你说过在那里遇到你的惊喜，那天，我并没有去找你。在伦敦，我知道还有机会碰到你。有人已经告诉我了。人们告诉我你在第二十三号展厅的各个展墙上,你的目光一刻也没有离开过那些冒险来到你面前的人,任何人都无法逃避你警觉的关注和你的双重目光。透过双重目光他们看出了什么?我不知道,还不知道;我很难去猜测,即使人们已经告诉我这是你的两幅自画像,面对面的两幅,你在那里,在伦敦城的中心,那里是世界各地的人来来往往的地方,那里是发生最卑劣可耻的罪行的地方,那里也是上演最美妙音乐的地方。你就在那里,看着所有人,眼皮从来没有合上,也许就是因为这个,因为你从不闭上你的眼睛,才激发了那些看到你,真正看到你的人的巨大信心和力量,哪怕在他们生命中只一次,或者在你的生命中只一次。

我也将在伦敦北部看到你。那将是在一个宽广的公园深处,湖泊和山冈环绕的一座华丽的房子里。尽管那里十分富足,主人非常有钱,尽管四周的一切都那么漂亮,我却从没有看到你如此不知所措的样子。但那还是将来的事。因为现在,是的,现在我在慕尼黑,要走很长时间的路才能来到你的面前。纽约也是这样,我走得腿都疼了,在华盛顿还是这样,腿也疼,背也疼,疲惫不堪,以至于我都没有保留任何我们对话的记忆或痕迹。但我记得那天看到了你。我还记得我在你面前表现得很谦卑。

这儿或者那儿,又一次。

但是,是不是每次都是你呢?

我有些怀疑,尽管专家向我保证地址是准确的。我并不是每次都能认出你来;我会怀疑是不是有人偷偷冒充你,是不是有什么陷阱,是不是有什么阴险的弄虚作假的勾当,于是我继续赶路。

我没去科隆、波士顿和渥太华,还没去,也没去旧金山、德累斯顿和伯明翰。我差点就停留在巴黎了:我在那里有别的约会。

有一天我会去斯德哥尔摩吗?在那里的你显得如此忧虑,如此不安!是否有一天我能为你带来最微弱的一丝安慰呢?

在我人生的混乱的这些年里,我在格拉斯哥、慕尼黑、阿姆斯特丹遇到了不同时期的你。城市名称的拼写对我而言没什么意义,收录了你的作品的目录编号也不能说明重点。

你被人们分开了。

在到达能够再次和你碰面的地方之前,你经过了各种各样的手。一些人只把你看作一种资本,一种投资,他们搓着双手,甚至不看你一眼;他们想着可以买下你,因为他们付了大价钱买了自己甚至没有看到过的油画或版画。他们想着把你作为一件商品。他们是在投资。

对此你没有提出异议。

你那时候,也曾需要钱用以生活,而奢侈,至少是舒适的生活并不令你讨厌,特别是在你有能力为自己提供的时候。

你放任他们这样做,他们这些会算计的人!

但你不是上当受骗的人。

你喜欢他们的钱,这是你成功的证明,价值的体现,也是他们重视你的象征。你何必拒绝这种认可你的做法呢?

他们的钱使你高兴,同时也为你作了贡献。但你并没有上当。不论是他们的钱还是他们的奉承。你非常清楚无论是他们的钱还是他们的奉承都无法使你逃脱时间的追逐。光荣的日子,奢侈的日子,对于飞逝而过的时间来说和其他日子一样。你知道死亡无法购买——而且谁也不可能去讨好死亡。

你所不知道的,是他们令你做了多么长的旅行。你不能也不愿想象的,是所有这些交易,使得你到了纽伦堡、印第安纳波利斯、维也纳、墨尔本,在所有意想不到的时间到了所有你不了解的地方。

人们把你分开了。

我不会试图继续追寻你到最后的壁垒中,也不寻求把你放在某种适合我的现实中。我不想把你简化。我寻求和你相遇。

我抓住所有和你相见的机会。

有时候我会创造这样的机会。而且这样的情况越来越多。

我盼望着这些机会。

在你的注视下,我感到心中产生了一种思念。心情十分激动。同时,有一种寂静,比所有的讲话声和周围的噪音更响亮。

为什么我的眼里含着泪水?

你在和我说话。

别人从不像你这样和我说话吗?

你对我说的无需词汇表达。

每一次,我听到的都是同一个嗓音,我在你因年龄增长而改变的眼睛深处看到的都是相同的目光,都是同一个你,是的,忠实于你自己,也忠实于所有你遇到的人——可以经受一切考验的忠实。

第二十五章　接近

伦敦,1992年7月10日

当我走进教堂时,音乐会刚刚开始。十来位音乐家正奏响他们的乐器:小提琴、双簧管、大提琴和羽管键琴,共同在英格兰土地上演奏意大利乐曲。

在这儿,音乐会一如既往是免费的。每天下午都有,教堂的门在整个音乐会期间都是敞开的。

我到的时候,凳子上已经坐满了专注欣赏音乐的听众。

我溜到最偏远的一张凳子上坐下来。我不认为自己迟到了。我来这里不是为了听音乐会。我只是路过这里,小憩片刻,然后再去已经在那里度过大半个上午的国家美术馆。我没有足够的力气立刻走到那里,而音乐能够让我舒服一些。

一大早的时候,头晕得厉害,而且扰人的背疼已经持续了好几天了。

胳膊绷得紧紧的,双手紧抓住开往美术馆的地铁把手,有一刻我感觉除了崩溃之外没有别的选择,地铁里非常拥挤,以至于任何人也不会注意到什么。一个人跌坐下来了,但没有占太多地方,没有人认识这个人,除了一个孩子好像是和他一起的,但并不确定,而地铁并没有减慢速度,一直要到地铁线路的最后几站,乘客下车空出些地方后才能发现这个蜷缩起来的身体,就在那儿,就在地上。

不过,我终于还算是有运气的。没什么问题地下了地铁,不过也很勉强了,没有人注意到任何事情。

坐在教堂最深处最后几排之一的凳子上,听着迎面而来的乐曲,我的体力恢复了。

我刚才在美术馆的前面几个展厅待了好几个小时。全是战争、谋杀、强奸和痛苦的人。是不同于现在这个让音乐家歌唱的另一个意大利。此外,在美术馆的展墙上,西班牙人和弗拉芒人也在进行着接力,而他们造成的破坏一点儿也不比我先前看到的国家少。很明显,这个上午我看到的作品离这个世界并不远!即使这些作品是以美的形象出现,它们对我讲述的仍然是残忍和痛苦。它们的美从来只是对美的怀念。

被践踏的基督,被折磨、放逐、羞辱的人一个个出现在我的眼前。我看见了孤独的杰罗姆①,圣乔治②艰难地战胜恶龙,维罗纳的圣皮埃尔在镰刀之下裂开的头颅,朱迪思挥动的手上拿着的奥勒非③的头颅,而圣让的头颅则出现在一个盘子上。到处都是鲜血在流。到处都是暴行。我曾看过乌切诺④画的《圣罗马诺之战》。音乐家们能让我们听到饥饿的狗叫声,或者冬天刺骨寒风的呼啸声,但他们无法使我忘记人类的狂暴和荒唐,画家冷漠地重新构建了这战马和兵器的混战,用错综复杂的几何透视方法表现的灾难。乌切诺用最精细的技法来表现最混乱的场面:他表现的是人类的激烈战斗,但是去掉了一切夸张的东西,僵硬的尸体、散落的盔甲、零散的队伍、各种情绪混杂、各种暴行——混乱和狂热,死亡令它们凝固——一套多么可怕的正在工作中的机械装置。

人们厌倦了活着。

某些早上,人们厌倦了还要继续活下去。

---

① 杰罗姆(St Jérôme,347—420),西方早期的圣经学家,《圣经》拉丁文本的译者,一直被西方笔译和口译工作者奉为守护神。——译注

② 圣乔治或圣佐治(saint Georges),约公元 260 年出生于巴勒斯坦,为罗马骑兵军官,骁勇善战,公元 494 年为教皇格拉修一世(Gelasius)封圣。很多画家画过圣乔治屠龙题材的绘画作品。——译注

③ 奥勒非(Holopherne),公元前 6 世纪新巴比伦王国的大将,在进犯犹太时被犹太美女朱迪思诱杀。——译注

④ 乌切诺(Paolo Uccello,1397—1475),意大利文艺复兴时期佛罗伦萨画家,与建筑师勃鲁涅列斯柯、雕塑家多那太罗同为 15 世纪造型艺术的创新者。其代表作《圣罗马诺之战》被认为是运用透视学作画的典范,共三幅,表现的是佛罗伦萨与邻邦进行的区域性战争的一个场面。——译注

活得太久了,实在太久了,希望尽快过完剩下的日子,各种生活混杂在一起,痛苦和快乐,想满足所有无法满足的欲望,人们累了,筋疲力尽。

在这座教堂内的短暂休息并不能使我恢复太多力气,也没能重新激发我的好奇心。

在博物馆的展墙前,我已经要停下来。

头又开始晕了。

我曾走进其他展厅,但对那里的展品兴趣不大。

我让自己深陷在黑皮长沙发之中,我等待着。

在我的周围,灯光似乎越来越暗,暗得无法看清展出的作品。也许是我的眼睛疲劳了。

在我面前,两个年轻的德国姑娘兴致勃勃地说着什么。也许是她们刚刚进行的购物,下一次购物,一场流行音乐会。她们也停了下来。她们坐在了我刚刚坐过的长沙发上,而我已经离开了。不远处有些扶手。她们应该也累了。她们谈论着别的事情。这是她们休息的方式。我想到了贝戈特①之死,当时他正在欣赏《代尔

---

① 贝戈特(Bergotte),法国作家普鲁斯特作品《追忆似水年华》中的人物。——译注

夫特风景》①。我觉得普鲁斯特让他的人物在这样的情况下死去非常自然,他应该也是感到厌倦了,一种突然袭来的无边疲惫,一种对未来的每一分、每一秒无法把握的疲惫,倒在椅子上的他应该也在思忖是否有力气起来,突然某一刻,他应该也体验到了我此刻体验到的强烈愿望,希望这一切彻底结束,承受的一切苦难,混杂在一起的痛苦和快乐,所有的犹豫最终明确了,急于让这一切结束,急于知道最终还能坚信什么,基于什么,不再夸大其词,他可以休息,终于可以休息,而且是彻底的休息。

不过,我的力气有些恢复了,足以让我在离开之前再看几个展厅。

灯光也仿佛明亮了,而且灯并不是展厅里唯一闪耀光芒的事物:还有瓜尔迪②画的《威尼斯风景》,闪动着生机的光芒,还有洛林景色的光芒,那里充满了无法比拟的平和,还有贝利尼画的蓝色大衣的光彩,还有安东奈罗·达·美西纳、奇马·达·科内利亚诺、弗拉·安杰利科、凡·埃克或皮耶罗·德拉·弗兰切斯卡,还有其他人,只要听到名字就足以让我产生共鸣,唤醒我的幸福回忆。而此时,音乐家们正在歌颂春天,万物复苏,半明半暗的教堂

---

① 17世纪荷兰画家维梅尔(Jan Vermeer 或 Johannes Vermeer)的作品,他一生都工作生活在荷兰瓷都代尔夫特(Delft)。与伦勃朗一样,他被称为荷兰黄金时代最伟大的画家之一。——译注

② 瓜尔迪(Francesco Guardi,1712—1793年),威尼斯画家,以擅长画威尼斯城市风景画知名,他还创作海景画、人物素描画、肖像画和废墟风景画等。——译注

里又产生了希望。这时我才发现,在我身后不远的长椅上躺着两个男人,他们躺在那里,身上裹着毯子,那是两个流浪汉,他们在躲避寒冷,躲避生活。他们睡得很熟,仿佛在客西马尼花园①沉睡的信徒。小提琴弹奏出宜人季节的颤音,这两个人静静地熟睡着——我觉得他们出现在我身后仿佛是一场秘密的降福仪式。

杜米埃②可能画了他们,比凡·埃克更乐意画他们,而你也一样,亲爱的伦勃朗,你也应该会画他们,我要来看的你,就在离此几十米远的地方,但还没有看到你。你也一样,你应该看到他们,这两个躺着睡觉的人,他们几乎完全裹在毯子里的头,晒黑的皮肤,灰色的长胡子,你应该会表现他们,爱他们。

为了某些人的爱,为了某些目光,为了某些动作,生活还是值得的。

为了一个孩子的动作,我的一个孩子,今天早上,在博物馆门口和我分开的时候,因为我感到有些不舒服,他便把藏在口袋里的碎糖块塞到我的手心里,一个字也没说,为了这样的动作,为了这样的时刻,生活还是值得的。

---

① 客西马尼花园(le jardin de Gethsémani),耶路撒冷以东橄榄山脚下的一座花园,主耶稣及其门徒经常在这个园子里祷告。在新约全书里面说,犹大在客西马尼花园背叛了耶稣。——译注
② 杜米埃(Honoré Daumier,1808—1879),法国杰出的写实主义画家,著名的讽刺漫画家,在版画和雕塑方面也颇具天赋。其代表作有《三等车厢》、《洗衣妇》、《高康大》、《堂吉诃德与潘沙》等。——译注

要发生的总会发生。

我累了。但还是迫切地想再次找到你。

音乐会接近尾声。

我准备好了。

当我离开教堂时,音乐会已经结束了,但听众们还在鼓掌,那两个躺在我身后长椅上的男人仍然在睡觉。

他们没有动过。

我急着离开那里,去我知道能找到你的展厅,二十三号展厅,于是我决定不再绕弯,朝你直奔而去。

最多,我会在一幅罗伊斯达尔①创作的荷兰风景画前略略驻足:钓鱼人站在静止不动的船上,灰色的天空下,这些渔船拉着灰色的船帆,水面上飘着软木浮标,排成一圈,无法看见浮标下的鱼网。

在你家乡的平静水面上,我的思绪穿越了时间,而空间也不能

---

① 雅格布·凡·罗伊斯达尔(Jacob Van Ruysdael,1629—1682),17世纪荷兰最伟大的风景画家,擅长描绘全景立体画般的田园景色。——译注

将我们分开。

贝利尼的色彩，洛兰的光线，这些我今早欣赏过的作品都不重要了。我知道，走近你就是走向另一种美，走向一种不迎合感官需求的美，这种美既不是为了娱乐灵魂，也不是为了娱乐眼球，走向一种对我们要求很多，但不可分享的美。

二十三号展厅。

你的两幅自画像被面对面地摆放在出自你手的其他十五幅作品中间。我已经被事先告知。

我立刻发现了位于展厅尽头的你们。

然而，在这漫长的白天，漫长的黑夜，漫长的一年又有一年，甚至一个世纪，你们这样面对面地待着，你们会聊些什么呢？

一个是三十四岁的你。

一个是六十三岁的你。

你们相互注视着。

无论哪个都从没有将视线转移，只是，经过你们面前的人们时时刻刻在你们眼前，来了又走，然后再来，你们两个面对面待着，没有休息也没有借口，一直以来，彼此都处于不能回避事实的时刻。

我立刻发现了你们。

尽管相隔了多年,但是两幅画中的目光还是相似的,对世界的关注,以及对这个社会的爱还是没有变。

经过了三十年,身体当然是老了,脸上的皱纹,灰白的头发,双手,一切都说明了这一点,但这只是简单的表面。

经过了这么多年,你会说些什么呢?

要想知道答案,我必须再靠近你,必须停在你身边听你说。不过,要靠近你,你的其他作品就会变成一条"过道"了,所以,在不断朝你靠近的同时,我将这个问题稍稍推后,将与你的对话稍稍推后。

因为,我首先要向一幅《扮作圣保罗的老人》致敬。我在这幅画前停了下来。然而,他的目光并没有转向参观者:他的目光看向旁边,不远也不近,在二者之间,目光里是沉思和默想。

他也是忧伤的。在寡居的漫长而艰难的日子里,母亲说她自己"忧心忡忡",她也许也会这么说他。他忧心忡忡。但是,他的伤心事于他而言并非悲剧。他忧心着你的悲伤,这是明白自己生命的有限和人类所能达到的卑鄙程度的人的悲伤。他在思考。他知道所有语言的不确定性。也许他在祈祷。他双手合拢,和展厅右侧尽头的,现在六十三岁的你的双手一样合拢,但不是跪在跪凳上、某幅圣像前的虔诚修道士的双手,而是像工人或农民的手,结束了辛苦劳动而正在休息的人的手,对他们而言,休息就是一种祈祷,就是一种赐予的恩惠。

稍远处,一位高贵而自命不凡的骑士①吸引了我的注意力,骑士稳稳地坐在马上,身侧挂着剑,奢华的服饰,宽沿羽毛帽下是蔑视的目光。在他面前,他的脚下,我觉得自己十分渺小。但是,这位老爷并没有让我感动,他使我厌烦。他不会对我说话,他是空虚的,如同坐在没有生命的木马上的大木偶!你的作品是有订单的,承认吧。你对马和骑士不太感兴趣。你只是利用他们,以便在嘲笑订画人的同时得到丰厚的报酬。他以为你画的是他,并且你是出于他的荣耀和不朽而接受了为他画像的工作。他向你订购一张巨幅绘画。他没想到,也永远不会明白,你所表现的正是他的虚荣和对名声的疯狂追求。

你让他掉进了自己的陷阱里。

在其他情况下,你肯定不会把时间浪费在这么愚蠢的事情上。但是你需要钱用以生活,你要养活一家人;你需要钱用于你的一些兴趣爱好;你需要钱以让你在订单之外,能够画自己想画的。钱,你首先把它看作时间,你的时间,赋予你生活的意义的时间。

正因为如此,你才能够画自己。在空闲的时候。在挽救出来的时间里。

---

① 指伦勃朗作品《马上的菲德利克·里海尔》,藏于伦敦国家博物馆。——译注

与人通奸的妇女①无疑值得停留更长的时间：我注意到你并没有给她定罪，你并没有那样，因为你也不满足于那些过于简单化的规范，躲在这些规范后面的是这样一些人，他们因为自己可以审判和惩罚他人而自认为高人一等。

如果你对通奸的妇女不抱有同情，那么你怎么会为这位如此普通、如此受谴责的妇女付出那么多的心血，那么多日日夜夜的劳动，那么多的解读和思考呢？怎么会赋予她如此的美丽？让她在画的中央散发着光芒？

在她身旁，没有那些人威胁要扔向她的石头的影子。你让我们看到的是一位意识到自己的失足并感到懊悔的，含着眼泪但保持着尊严的妇女形象。这是在一个法庭上，司法官和证人已经准备好宣判了，但是他们全部隐藏在阴影中——在你分配给他们的合适的位置！

我本想继续待在那里，再耽搁一会儿，希望能看到这场戏的结局，让自己了解最终的细节，但是时间在流逝。

时间在流逝。

就算我自己忘了时间，可是一位管理员带鼻音的声音提醒了所有想继续参观的人们：博物馆将要关门了，而且他告诉这些可爱

---

① 指伦勃朗的作品《耶稣与通奸的妇女》。——译注

的观众谁也不能延长参观时间。

我也一样,掉进了自己的陷阱!为了实现我们俩最好的面对面的交谈,我做了很多准备,走了很多弯路,结果我被宣判要"加快速度"。更糟糕的是:我很有可能被宣判不能近距离看你们,你和你,而且我不可能很快再回到这里,我的飞机明天就要起飞,而没有任何迹象告诉我可以享受再次来到这里的奢侈。

时间在流逝。

荷兰东印度公司的顾问先生将看到我如一个匆匆而过的影子般从他面前掠过。如果他要申诉,可以随时找他的同僚——骑在木头马上的骑士!对特里普先生和太太,包括对玛格丽特·德·吉尔①,我只来得及致以一个礼貌的问候:他们也值得我更多的关注。不过,我真的不是为了了解这些而到这里来的,不是为了看这些肖像和跃起的马,更不是为了闲谈而来的。我是要继续一个对话,是要和你对话,如果这个对话要结束,也是和你一起结束。哪怕是伟大的巴尔达撒王②,我也会忽视的。时间在流逝。一只来自他方之手在国王身后的墙上写下了莫测高深的信,国王感到惊恐,抛下盛宴,突然转向这光明和火焰的信,这时候,看不到上千的宾客,只看到三个妃子和一个证人。

---

① 均为伦勃朗作品中的人物。——译注
② 巴尔达撒王(Balthasar),伦勃朗取材《圣经》创作了《巴尔达撒的盛宴》:巴尔达撒王正在为一个大臣摆设盛宴,忽然看见上帝用手指在粉墙上写字。巴尔达撒王和大臣都很惊愕。后来请一位先知但以理来讲解,缩写的文字意思是"你的国家就要结束了"。在这幅画中,画家运用强烈的明暗关系来描绘巴尔达撒王和大臣惊慌失措的神态。——译注

时间在流逝。

我要离开巴尔达撒,让他自己继续烦恼和不安了:不管怎样,他不是一个人,他不需要我,再说他也没有要我做任何事。但以理比我更好些,他可以回答国王提出的问题。

我朝你走过去。只有几米的距离了。

旁边墙上的一片空白让我停了下来,无论如何还是让我的脚步停滞了。我感到惊讶。一个小布告牌上写着你妻子莎士基亚的一幅画像被暂时移走了,并请参观者谅解。

她不在这儿,这位美丽至极的花神①,你给了她你妻子的容貌,或者某个像你妻子的人的容貌!她不在这儿,美丽的女士,令人赞赏的女士!她到哪里去了?人们是不是请她暂时离开,去某个新工作室,给她进行一番梳洗,或者在官方的摄影师面前做几个姿态?在摄影师面前,她将是干净的、经过修复的、焕然一新的,毫无疑问,她将比任何时候都显得年轻、光彩照人!

对于这些猜测,小告示牌上什么也没说。告示牌上只写着她不在。没有写回来的日期。

她生病了吗?快死了吗?再一次被暗藏的疾病打倒了吗?

小告示牌没有说。在几米远之外,从你的脸上看不出任何惊讶的表情。

---

① 《花神》,伦勃朗为其妻莎士基亚画的肖像,画中的莎士基亚扮作花神,头戴花冠,手捧花束。扮作花神是当时艺术创作的一种时尚,借以美化女主人公。——译注

而时间仍在流逝。

花神我也看不到了!你赋予她的几乎是纯自然的面庞,我在旧照片上看过的丰满的身体,戴着细细花环的前额,手上拿着的大束鲜花取代了奥勒菲的头颅,这些我都看不到了!更糟糕的是,我将无法看到,至少这一次,无法看到正常时候她不断投向提图斯的可怕保姆的眼神,那位保姆在她刚离开你的时候就接替她陪在了你身边!因为亨德利克在那儿,在很近的地方,阿姆斯特丹的宗教法庭曾因"与画家伦勃朗通奸"的控告三次传唤她,分别是1654年的6月25日、7月2日和16日。她在那儿,是的,令人向往的女子,年轻的情人,恋人,她小心翼翼地走向水中,在清冽的水中清洗双脚①,她的身体略微朝前倾斜,小心地往前走,以免滑倒。和她那未到场的邻居一样,她没有用花装饰自己,一件领口开得很低的宽大衬衣勉强遮住她的曼妙身体,露出依然年轻的胸部。亨德利克用双手将衬衣下摆卷到大腿位置,裸露的性器官隐在阴影里,双腿站在水里,水面几乎到了她的膝盖,她谨慎地向前倾,她的脸因难以察觉的微笑而散发出淡淡的光彩,头发扎在脑后……无需任何花冠来表现她的美丽,不需要鲜花也不需要任何化妆——也无需额外的神助。你的情人,你的恋人,你的崇拜者,你只需给我们展现她的自然之美。但不是裸体之美!你将后者只留给了自己的

---

① 《浴女》,伦勃朗为原来的女仆亨德利克画的肖像,亨德利克后来成为画家的妻子。在这幅作品中,画家以富有激情的笔触描绘了年轻女仆缓缓涉水时的生动情影,从她非常自然的动作中表现朴实无华的美丽。——译注

眼睛,那只是你独享的快乐。

她小心地往前走。

画中只能看到水流和岸边。也许是一个池塘,也许是一个偏僻山洞中的一潭死水。可以肯定的是:拥抱着双腿的水是甘美凉爽和轻柔的。这是爱着你的女子的微笑,在她面前,人们都要垂下眼帘。

在她面前垂下眼帘。

她从不看花神,也不看莎士基亚,更不看任何从她面前走过的女人。不论是在她之前的真妻子还是假妻子。

亨德利克都不看。

这倒不是因为她有什么要自责的。只是她完全沉浸在自己的世界里,在享受足浴的快乐,只有你是见证人,只有我们是见证人,她完全属于你,也许完全属于我们。然而莎士基亚,她呢,当残酷而罪恶的历史将真正的妻子、假的妻子、乔装的妻子都摆放在一起,一个与一个挨得很近之后,当她在这里的时候,她的目光就没有离开过她。

她们之间隔着二十年,死亡也将她们分开。在这儿,再没有任何东西将她们分开,这也是我为什么想确认莎士基亚的目光的原因。假如让我在这里撞见某种隐藏的苦涩和死后嫉妒的影子,我是不会感到惊讶的。

莎士基亚不在这里,要想知道更多的情况,我只能耐心等待。

时间在流逝。

头皮因谢顶而光滑如鸡蛋的管理员发现我没有离开展厅走向出口的意思,显得有些着急生气。

刚才,管理员礼貌地,但是用干巴巴的嗓音让我明白只有十分钟了。不允许任何特殊情况。无论是《戴荆冠的耶稣》还是任何《耶稣之死的哀歌》都不能改变。这是规定,而规定就是要让人遵守的。

我没有提出任何反对。我甚至对他表示抱歉。我让他把我带走了。我朝你的方向投去了最后一眼。你们就在那里,你们两个,你们以一种也许带着点怜悯的目光看着我,你们的目光始终没有离开我。

我向你们说再见。你和你。

我打算有一天一定要再回来。

必须要回来,无论付出多大代价。

那天,我只是靠近了你。

对于管理员,我没有提出一丁点儿异议。他会很有理地回答我管理员也有稍事休息的权利,说他们也是已经站了一整天,说他们的日子一天天继续,而且一成不变。

我知道他是有道理的。

我没有提出任何异议。

离开的时间到了。

但我也知道,有一天,或早或晚,我会再来。

第二十六章　面对面

伦敦,2002 年 8 月 17 日

十年,是的,我需要十年才能够实现我当时许下的再来此地看你的诺言,十年后我才能兑现与你定下的约会。

一年年过去,我不再是原来的我,我是指表面。那些共同的、普通的、表面的东西。而我的人生也不再是原来的人生:我遇到了一些无法避免的挫折,我也没有让其他人避免。

账还没有算完。

有算完的时候吗?

今天,在通向你那里的路上,我在十年前听过意大利音乐家演出的教堂里休息了一会。我并不想听其他音乐家的演出,而且现在也不是举行这些午间音乐会的时候。但是,教堂位于我的路途中,有时候一个习惯可以很轻易地保持下来:比如沿着某个确定的路线走,尽管还有一千个其他选择;比如在某个地方休息,还有重复某个曾经做过的动作,哪怕是在另一种生活中。

事实上,吸引我到这里来的也许是对于那两个流浪汉的回忆,他们躺在教堂深处我身后的长椅上,严严实实地裹在他们的毯子里一直睡着。我上次路过那里之后,他们醒了吗?有其他人取代他们、接替他们吗?

教堂里几乎空无一人。

一名工作人员正在将一个巨大的黑色罩子罩在大钢琴上。音乐会应该已经结束有一段时间了。只有几个参观者在座位间流连,也许是出于对历史或者建筑的好奇。

长椅上已经空无一人。

进了博物馆,不会再迟到一分一秒。因为我只和你有约,而这个约会,是不能错过的!

我穿过一个个展厅,未作任何停留。如果我等会儿有时间,我会再来看他们的,洛兰、乌切诺、瓜尔迪,以及所有我知道的忠于他们职责的朋友。

我的脚步既快又稳,我朝你走去。幸好不久前的头晕现象已经消失了。只有感伤还在。甚至更进一步发展了。那些已经消逝的年代。

我急于见到你。

幸好你在那里,两个都在,你和你,面对面。

二十三号展厅。

花神已经回来,光彩夺目的年轻美丽女子。我不再像以前那样好奇地想知道亨德利克会给她带来什么心情,亨德利克就在不远的地方。总之,我不再对这些家庭故事感兴趣,而且我也完全不是为了她们而再次来到这里。所以,一个简短的问候就足够了,就像对所有围绕着你的人一样,那些人构成了一个漂亮而庞大的家庭——对他们,我甚至花的时间更少。

二十三号展厅。

谢顶的管理员已经不在。

似乎两位年轻的女管理员接替了他,但是她们并不是固定在一个位置,她们是在走动的。她们应该有一个管理的区域,要同时照顾好几个展厅。她们一边看着馆中的情况,一边小声地说着话:她们不是对你也不是对我说,而是她们自己之间的交谈,谈她们的生活,而明天她们还可以继续谈,因为她们都会有另外一个同事,每两个星期这样轮一次。重新开始的时间,体验他人的经历,讲述自己的时间。

你和你之间的对话已经开始很长时间,而且还没有准备结束。

当看到三十四岁的男人和六十三岁的男人时,人们首先会认为是年长者看着年轻人,因为年轻人似乎看着别的地方:他没有看向这位几乎已是老人的你,与其说他直视着自己的前方,不如说他看向自己的右前方,他肯定在看我,仿佛早就认出了我,我,是的,我,为什么是我?在那里,二十三号展厅的中央,我刚刚走近你们。

我有些不安,挪动了一下。

我朝左边走了几步。

朝右边走了几步。接着又走了几步。

朝一个人的左边,另一个人的右边挪动。

我不得不屈服于一个事实:无论我怎么移动,你们俩的目光都没有离开过我。你们的每一个参观者都无法躲避你们的目光。你们也一样,你们彼此将永远不能逃避。

面对面。

你们彼此联系在一起。没有尖锐的冲突,也没有竞争的想法;而是彼此都很耐心,彼此接受对方的年纪,彼此尊重——尊重彼此的差异和隐秘的相似之处。

然而,年老者羡慕年轻人是很平常的事!比他年幼的这个人不是还充满魅力吗?三十岁!一切皆有可能的年纪!而年轻的人难道没有理由害怕年长者的评价吗？评价，经验之谈和枯燥乏味的道德劝诫！这个年纪往往会让它们见鬼去！

在你和你之间，是一场某一天开始但不会结束的对话，一场没有语言的对话。在你和你之间，言语已经不是必需的：你们彼此明白。这并非表示你们有着默契，也不是说你们很熟悉。这只说明你们认出了彼此，你们意识到彼此在一起，在地理位置上也是的，对你们而言这是唯一重要的，但也是无法形容的。

成百上千的参观者从你们面前经过，而我也是其中之一，你们的目光没有漏过任何一个人。相反的，你们不厌其烦地关注着每一个人，全身心地关注。任何情况都不会令你们分心。

然而，你们投向这些仅仅是从你们面前经过的人的，并不是管理员怀疑的目光：因为你们并不认为这些人是可疑分子、骗子或者坏蛋，他们只是普通的男人和女人，你们的目光是看向他们身上最宝贵的地方。你们认为重要的是每个人身上的人性，无论强还是弱，因此，要你们提高警惕是不对的，因为你们本身就是警惕性很高的人，是灵魂的看守人，这是你一生中任何年龄段都没有停止过的，从你降生也是别人有了你之日起，从你男人的目光落在人们身上，落在你自己身上之日起，你们有着同样的目光，一个总是不断地从另一个那里得到启发和养料，从那一天起，是的，从那一天起就是这样的目光，而且一直到你生命的最后一刻。

工作的时候,你需要安静。

你周围的人都必须要做到。

即使你的学徒和助手也知道:你是不能忍受工作期间被打扰的,所有人都知道,假如某个冒失鬼或者笨手笨脚的人不慎打扰了你,你有可能会暴怒,会发作,大发雷霆,谁也躲不掉你的怒火,并且你自己和他们一样需要很长时间才能重新开始,需要很长时间才能找回进入工作状态的平静和安宁。

如果你画的是一幅自画像,那么安静和沉默更是比任何时候都必不可少。

你把自己关在房里工作。

你不想见到任何人,也不想听到任何人说话。

你和自己有很多要做的。

你把所有的能量都集中起来。

你全神贯注。

你看。你看见自己。你还在看着自己。

你尝试画出你看到的。而你看到的并非仅仅是你的眼睛接收到的。还有一些别的东西。这些东西,也是你努力想画出来的。

在这里,二十三号展厅,发生的情况是完全相反的。从早到晚,长廊和各个楼层充斥着低沉而嘈杂的声音。展厅都是开放的,人群川流不息地从一个展厅到另一个展厅。

在这里,只有等到夜晚来临,你才是回到了自己家里。白天,这里是一个十足的西班牙小旅馆。每一个人进去,出来,来来回回,根据疲劳的程度和自己是否想多待一会儿,在展厅里坐一会儿或者不坐,根据你们投向这个或那个参观者身上的目光,把他吸引,让他坐下,站起来,走远,又回来,最终离开,不情愿地离开你,但是因为曾和你相遇而高兴,如果他有幸见到了你,然后离开了,是的,但即使离开,这也是珍贵的生活补充,这是你给予那些懂得接受的人的生活补充。

你三十四岁。

你开始画自己已经有十来年了,你观察、端详、审视、追逐自己已经十多年了。你追上了你吗?还是,在你和你之间永远有着无法拉近的距离?只有这距离使你可以看见你?你三十四岁了。胳膊肘倚在宽大的木扶手上,看起来对自己很有信心。你摆出姿势。是不是为了显示年龄?显出成熟的样子?或者只是一个游戏,纯粹是为了向我们证明你的自信?不久,你就变成交叉双臂的姿势,这种姿势一点儿也不适合正在作画的画家……但是,你向我们展现的不是画家,没错,这是一个男人——一个达到其人生最美好的年纪的男人,而且从某个时刻起,你赋予他你自己年轻时候不曾有过的漂亮的深色帽子。那时候,浓密而光滑的头发是你所有的骄傲,你可以用头发来告诉我们你的魅力,一种天使般的柔和,又有着一种不安分的,或者说好斗的性格。不久之后,你将戴上一顶贝雷帽,你在画室里戴的白色帆布贝雷帽。你再也没有离开过这顶帽子。

然而,这里,是二十三号展厅。
现在,你三十四岁。

胳膊倚在扶手上,你的眼睛直直地看着那些看向你的人。你自己,是第一个。你抓住了你的猎物。你不会放开。

在这个年龄之前的好几年以及之后的好几年,你都把自己的服装毫不掩藏地展现给我们。你十分注重优雅的外表。在这个年龄,这些往往是人们重视的事情。你不会反对我的!
你讲究细节,而细节是要付出代价的!这是天鹅绒的领子,链子是金的,里面的领子有着精美的图案。

如果说你不是不修边幅的人,那是因为你不认为自己是无关紧要的人,不是吗?
以前,你只忙于你的脸。不久以后,你将穿着工作罩衣或外套出现在人们面前:时间将不再属于社交活动!
目前,你很注意细节,你为细节花费了很多时间,还没有到时间紧迫的时候。奢侈不仅仅表现在衣着上,还表现在你对时间的支配上。

三十年后,在那儿,就在对面的墙壁上,三十年后,时间将不再宽裕。

死亡同时不断靠近。

社交活动将明显不再时兴。

眼皮将更加沉重,皱纹将更深,肩膀将塌得更厉害,你将不再关心要一把锋利的剃刀。

你的人物形象将失去所有的意气风发。从今以后,唯一还留下的,是你身上超越你的形象的东西:是你身上超越并忘记了你的外表的东西……

在你最美好的年纪,我猜测你的嘴角带着微笑。你是因为对自己满意而微笑吗?还是对呈现在你面前的演出的轻微嘲笑——天真的参观者在你面前停留,或早或晚?

我不知道。

我只知道这道浅浅的笑容很快会消失,它将消失得无影无踪。

六十岁时,以及你余生的几年间,你不再有笑容。我甚至无法在你的唇际找出一丝笑意。

我感觉能辨认出来的,是对回忆的回忆,它们的出现,它们的影响,是的,我从你的眼中看出你的回忆有一点伤感,有一些厌倦,我从你比往日闭得更紧的嘴唇读出了这感觉。

一个人到了沉默寡言的年纪:要么是因为他认为那些话毫无意义不值得说,要么他认为那些话意义太过沉重,不能不假思索地随口说出。

你闭紧了嘴巴。

一些孩子走进了二十三号展厅，接着又有一些孩子进来了，他们一个一个紧挨着排着队，这是一大群学生，带队的那位女老师正努力控制队伍。

　　她带着他们朝你走过来。

　　她是对的。

　　他们睁着圆圆的大眼睛，他们没有提问，还是自己看比较好。

　　他们正是爱提问的年纪。对一切感到好奇的年纪。他们也处于什么爱好都不会持久的年纪。

　　和你相遇是没有年龄规定的。而这些孩子们很快发现你在看他们——他们的老师毫不费劲地就让他们安静下来。

刚才,在引导我来到你这里的路上,我快速地去隔壁展厅看了一幅你的一个荷兰同胞的作品,有一个两三岁的小女孩,粉嘟嘟、胖乎乎的,剪着红棕色的直发,她暂时离开了母亲的视线,蹦蹦跳跳地朝我走来,又有些害怕,往回走了几步,确认她的母亲就在不远处。然后她又鼓起勇气,走到我身边,很近的地方。她也看着这幅作品。她注意到一条小狗趴在一张桌子的桌脚旁,小狗的头趴在爪子上。

小狗看着小女孩,而小女孩也看着小狗,她显得有一点点惊奇。

她在我身旁停下。用手指把看她的小狗指给我看。她一边做手势,一边对我说:"看!"

孩子们是大师,而我们始终不懂得去倾听他们。我们的年龄使我们总是忽视了他们的授课,现在的我们总是心不在焉,已经不可能接受孩子们的目光和动作带给我们的东西。可怜啊!

小女孩没有多做停留:她蹦蹦跳跳、高高兴兴地回到了两步之外的母亲那里。小狗,忘记了;看画的先生,忘记了!

她已经离开了。

我也一样,没有停留。我要约会的人是你。我答应自己要尽快见到你,不能食言。

在二十三号展厅,女教师让孩子们围成一个圈坐在你画的两幅自画像前。她需要一点时间让孩子们安静下来,不过她做到了。

她没有向孩子们作讲解。只是让他们自己看画。一直看着。

然后,她让他们讲讲看到了什么。

他们要举手发言。

一个细细的声音响了起来,然后另一个声音,我不知道他们在说什么,我已经决定离开了。我们的对话当然没有结束,而且永远没有理由结束,我要离开只是因为没有别的选择。

有一刻,我在考虑要先向你们中间的哪一位告别,是三十四岁的男人,还是六十三岁的男人。我希望带走那个人最后的样子,最持久的样子,珍藏起来,如同一首乐曲的最后几个音符,一直停留在脑海里。但是,我没有时间深思熟虑,孩子们在我前面闹腾,女老师还没能成功让那些最调皮的孩子坐下来,因而我告别的时间很短暂。

如果可以,我会倒退着离开,好让自己能够尽量再多看看你们,你和你,直到你们在我的视线中逐渐消失,你和你。但是,这样做似乎有些可笑。两个管理员一定已经注意我了,从我在附近绕来绕去的时候,他们就对我的行为感到奇怪了,再加上这些孩子们,更让她们紧张。

倒着出去,还很可能撞着无辜的参观者。

我转过身子,离开了展厅。

我走得很快。

我知道你们的目光跟着我,你和你的目光,直到我离开了那里。我知道你们的目光并没有那么早地离开我,它们穿过了这个展厅的墙壁,穿过了这座城市中的这座建筑物,一直陪伴着我,我再一次来到这座城市看你,在这里,我终于找到了你!

我走了。

孩子们在地上围坐成一个弧形,眼睛看着你们,又惊奇又专注。

第二十七章　无知辩

对于他们自己提出的问题,他们装出能够回答的样子。事实上,他们能够找到答案的问题少之又少。

他们希望知道你是谁。

他们想更多地了解：你是怎么会想到画这幅或那幅画的。他们想知道激发了你的灵感的模特,和你仿效的画家。"我们完全有理由认为……"他们就是这样说的。他们就是这样写的。"但是可惜的是我们不知道是否……"他们应该承认自己在推脱。谁从你那里买了这幅画？接着,在重新出现在苏格兰、瑞士、加拿大或者俄罗斯之前,一代一代,又经过了哪些转手？"也许是艺术家本人……"他们知道什么？实际上,他们是迟疑着、摸索着、盲目地前进,也许会碰到障碍物,也许空无一物,他们后退,因为不安或者害怕,他们竭力掩饰着自己的犹豫、迟疑、无知。他们知道的越少,"也许""可能""根据各种可能"这样的词汇出现的次数就越多。就这样,在他们面前,在我们面前,尽情发挥着非凡的灵活性。运用所有可能的语言技巧。这完全是对无知的辩解。"我们并非不知道……""另一方面……,但是……,不排除……,事实上……,……,……"其实,他们没有前进一步。沿着这条路走将没有任何结果。他们不知道你的这套服装、这件配饰、这个想法是从哪里来的。他们不知道当你开始创作一个相近的主题时,你是否知道有杰出的前辈创作过这样的版画。这没有什么关系!他们试探另一条路,大胆提出另一种假设、另一套办法,为了掩饰同样的无知:"也可能是……,是……和……"他们不排除错误的可能性。他们内心深处还保留有一丝久远的正直,尽管他们更愿意将所犯的错误推给别人:"冯·依克教授断言……也许错了。"他人的失误对那些能够发现这失误的人来说总是有用的。在同行之间,人们就不那么和气了。

在这段时间,你依然在那里。你困扰着他们,使他们陷入困惑。他们如今是踯躅前行,迟疑、躲避、隐藏,依然迟疑,重新出发。有时候,他们并不缺勇气。他们很顽强。

你呢,你纹丝不动。你在那里,在他们面前,你看着他们坐立不安。你觉得他们的坐立不安很有意思。

我也一样,不安地乱走。

你像看着他们一样看着我。

你并不抱怨我们。你甚至不由自主地同情我们,这就是你对这种无谓而可笑的不安的感受。

你看着我们。

你保持着一定的距离。

你还能听到他们的说话声,"据我们所知……"或者"人们的确应该相信……",需要费很大力气才能让他们安静,需要费很大力气才能让他们明白自己的无力,需要费更大的力气才能让他们承认自己有时候的争论是错的。

我还是快点闭嘴比较好。不是要我给他们上课!我也太罗嗦了!然后,我听他们说,我向他们提出问题,我听见他们说:"大概……除非,但是可能,大概!"只要有一个疑问存在,他们就无法接受。他们既傲慢又固执。他们坚持己见,会突然发火,他们受不了了,一句话表露了他们的不快:"无论如何,显然……"他们受不了了。他们一定要明确的东西。他们提高声音,一个字一个字地说:"无论如何……"他们自然地说出了心里所想:"不论怎样。"让有异议者闭嘴。不惜代价!"显然……"其他人只要闭嘴不说话就行了。你呢,如果你有发言权,你也会被要求闭嘴!在这种情况下,即使是事实也会妨碍他们,假如这事实不符合他们的决定:"显而易见是……是……和……"他们最喜欢显而易见。显而易见!这甚至是你要与之斗争的,整整一生都要斗争的!显而易见!

他们提高了声音。

他们本想把你抓到他们的网里。他们本想明白你,理解你。能够回答他们的问题。所有的问题。

让你成为他们的俘虏。

在他们的网中,他们将常常捕到猜测或者犹豫。

他们提高了声音。

而你,保持着沉默。

你看着他们。没有嘲讽。没有仇恨。没有不耐烦。

第二十八章 告辞

为了能够在今天再一次见到你,也许是最后一次,我要经过漫长的旅程。但是,这有什么关系呢？为了能够见到你,什么样的旅行我会不愿意呢？只要我的力气足以承受。

我可以向你讲述红色的双层公交车,怀着一种孩子似的喜悦,沿着狭窄的楼梯爬到上一层,坐在第一排,鼻子贴着车窗,快乐地从高处看着街区和道路的景致。我可以向你讲述走过的乡村,第一条地铁线,地区线,然后第二条地铁,北线,讲述遇到的面孔,交错而过的目光,还有我想象的某些偶遇的人的命运。我可以向你讲述那些我快速走过的街道,汉普斯特区的房子,卡内蒂的影子和那些草木茂盛的郊外花园。但是,我不能确定你是不是对这些感兴趣。你准备放下画笔了,而且在你这个年纪,缺的不是回忆。再加上英国的植被不怎么符合你的爱好！你的胡子是深棕色和浅黄色的。你喜欢的天空是暴风雨的天空,而今天早上,你所在的城堡上方是一片晴空。为了来到你的身旁我穿过了那个面积很大而且丘峦起伏的花园,但是这一切显然是小事,而我们之间的事永远不是小事,尽管我们都知道小事也是不可忽视的,小事构成了我们生活的脉络。

如今你被放置在这座遥远城堡的墙壁之上,而且你肯定也是经过了长途跋涉才来到这里。

是否远居他乡将给你的面容带来这样的疲劳之感,这种似乎对什么都不太在乎的样子——仿佛是与世隔绝一般?

那些熟悉你的人,那些专门研究你的一切,你的生活和作品的人,他们也许比别人更了解你来到这里,来到湖泊和树林之间的过程。但是,这些依然是小事,对你和我,对我们依然不重要,这些事不会阻碍我们的再次见面。

当我走进你所在的展厅时,你认出我来了吗?我毫不怀疑地相信,尽管我们见面后已经过了这么多年。来这里看你的人如此之多,你真的没有任何理由在这么多人中间认出我来。

当我再次走进展厅的时侯,我急切地想推迟我们见面的那一刻。只一眼,我就确认你在那里。这是唯一重要的。但是,我必须适应你周围的空间,还有你的邻居们也不少,我可以先预备性地简单参观一下。况且,礼貌也要求我这样做,如果没有这个预防措施,我就不能安静地、不受约束地再继续和你的对话。可以肯定的是,从今以后,我们所有的对话,所有的会面,一次次,各不相同的会面最终将归结于一次,而且只能是一次。以前每一次对话只不过是让我通过一个个连续的圈越来越接近这个中心,你所在的这个中心,而我也许只能靠近而永远不能到达。

因此,我首先向佛兰斯·哈尔斯[①]表示我的敬意:他画的凡·布鲁克的肖像还是值得驻足一看的,尽管不及我最近在伦敦看到的《微笑的骑士》,他的画就在离你儿子提图斯不远的地方。

提图斯!正是他留住了我的脚步——原因不必说了。在十六岁年轻人的脸上,我找到了他父亲的影子,这些相似的地方总是让我心乱。

提图斯还只是个少年。他的年龄是我们经历过的,我们也有过这样的年龄:这是常常心烦意乱又充满激情的年纪,是有一切可能和充满疑惑的年纪,是拥有很多能量又已经开始感到力量薄弱的年纪。他触动了我。在他身上,我看到了我笨拙的样子,一种也许是遗传的敏感。在他身上,我同时看到了儿子的过去和将来。假如有那么一刻,你曾想不承认他是你儿子,那么那脸、鼻子、嘴巴

[①] 佛兰斯·哈尔斯(Frans Hals, 约 1582—1666), 17 世纪荷兰著名画家。——译注

都无法让你否认。但是,我怎么对你说他的眼神呢?这是他的眼神吗?或者说这是不是你为了配合环境,而赋予他的眼神?我猜想你听到这个推测会吃惊,也会有一点点生气。但是,如今,我知道了昨天还不知道的事情:你的儿子会在很年轻的时候,还是花样年华的时候死去,他会在你之前死去,唉,他的死将成为你最后的无穷无尽的悲伤之源;在你生命的最后几个月,你不愿笑,甚至一丝微笑也没有,你再也不笑了。面对你的孙女提提亚,你儿子的女儿,你还有勇气微笑吗?你能够对着她笑,而眼泪不会很快涌入眼帘吗?你在儿子身上寄托了多少希望啊!你对他付出了多少爱啊!他是你所有孩子中唯一存活下来的。对你而言,他就是整个童年,重又找回的你自己的童年。你和他亲密无间,超过世界上任何其他人。你泰然自若地接受了司法部门的判决,让自己受亲爱的亨莉叶特的监督时,也处于他们的监督之下。爱人的监督是无力的。因为对儿子和妻子的爱,你心甘情愿地卖掉了自己的财产、艺术品、所有的劳动成果。司法部门曾认为要对你的过度花费和不善理财进行惩处。在你的内心深处,你毫不感到羞耻地要感谢司法部门,因为是他们使你重新回到了爱人身边,而他们却不知道。

你留下来的所有提图斯的肖像都向我们述说着这种父亲对儿子的爱,这种儿子对父亲的爱,这无以伦比、绝无仅有的爱。

从伦敦到健伍德,几十公里的距离把你们,父亲和儿子分开了。但是,也许在一个没有边界的地方,一个没有期限的时间,你们的心永远不再分离……

离你不远的地方,这里,距离你等我(并非是专门等我,而是无比耐心地等待所有来看你的人)的地方几米之处,是的,距那里几米之处,是维梅尔的《吉他演奏者》。我能不停下来吗?能不让自己稍作驻足吗?这幅画也值得致以敬意,你会赞同我的意见的!这幅作品是非常出色的。作为业内人士,你不会否认这一点——而是恰恰相反!作为业内人士,你欣赏这幅作品的光与影的使用技巧,欣赏作品的精妙之处:即使与你的手法不同,你也会给予公正的评论并且欣赏这些手法。你懂得发掘各种形态下的美,而这幅作品的美,从你们出现在同一个展厅的墙上之后,你有充裕的时间每天欣赏。

然而,对这娇嫩的手,这华丽的黄色丝绸外衣和白色貂皮,你会说些什么呢?对这娃娃般粉红、过于红的脸庞,白皙、过于白皙的皮肤,椭圆形的头部,如此规则以至于人们会认为是一个鸡蛋立在那里,你会说些什么呢?最后,对如此真实的内部摆设,蒙着天鹅绒的扶手椅、书、镀金的画框、这些舒适和优雅的象征,你将说些什么呢?那里有不属于你的世界的精致和优雅。那里有一种你从来不知道的近乎奢侈的宁静和舒适。所以你什么也不会说。你不会发表任何评论。你对代尔夫特的同乡是非常尊重的。但是除了工作的勤奋和对生活的热情,你找不到任何与他相同的地方。你就是你。这对你足够了。你不需要通过贬低任何人来说明自己的存在,你就是你,你知道差异是允许的,甚至是必须的,因为差异是社会中坚。你就是你,不需要排斥他人,除非在你忙于创作的时候。除此之外,我相信你完全可以允许差异的存在,可以接受它们——甚至为之感到高兴。差异往往会令你自己放松。

喏,就在你的旁边,这儿,人们放的不是维梅尔的作品,是两幅亲爱的瓜尔迪的小油画:威尼斯的桑塔露西亚教堂——散发着光辉的圣人!另一幅是小圣西蒙教堂。我可以肯定你愿意让它们这么近地陪伴你,你还亲切地看着它们。你应该很喜欢那些白与灰,音乐与节奏,还有轻微的不规则。他的画没有一点点学究气!卡纳列托①的画是中规中矩的,建筑面、砖石,甚至水面的小浪花都是中规中矩的,而瓜尔迪呢,一切都是抖动的:船桨在动,如同纷纷钻出的细树枝,划桨的人在动,他们乘坐的黑色小船在水面上晃

---

① 安东尼奥·卡纳列托(Antonio Canaletto,1697—1768),原名乔凡尼·安东尼奥·康纳纳尔,意大利风景画家,以准确描绘威尼斯风光而闻名。——译注

动,远处的帆船,倾斜的建筑,模糊的天空。这是有生命的建筑物!正是从它们表面上的不规则和杂乱无章中产生了生机。生机总是这样产生的:在不平衡中并因不平衡而产生;这也是为什么在艺术创作方面,仅有几何和技巧是不够的,你不会提出反对意见的!

终于,看到你了。

我停下来。

停在你的面前,和你面对面。再一次和你面对面。也许是最后一次。我大胆地看着你。

我们之间出现了距离,这距离在最初是难以察觉的。

是你远离了吗?还是我?

在我们之间,也许在你和我之间,有着怎样无法避免的孤独——怎样无法跨越的鸿沟?

在这里,我还可以用"你"称呼你吗?

一种疑虑产生了,一种隐隐约约的害怕。是生活把我们隔开了吗?还是死亡?我分不清楚。

也许是因为无法回答这个问题,我的目光滑向了你在自己身后画的两个圈。对于这两个圈,那些了解你的一切的人不乏推测。如果我说他们的推测既不乏巧妙又不乏新颖,你不要认为我是在嘲笑他们。有些人从这两个圈中看出你抬着手画圈的灵活技巧，好像你的年龄也被迫给出了证据；另一些人说那表示没有画完的人，是需要破译的一些象征符号。"推测是非常多的"，那些被指定做证明的人指出。而肯定的答案，是不会有的。有些人承认他们很惊讶，有些人承认他们很失望。那是因为他们对你还没有足够的了解，因为他们不懂，不愿意或者不能明白你提出的问题是永远敞开的问题，如同你身后的两个圈是永远敞开的。

人们都喜欢有答案。

他们更愿意给出问题的答案。

这是一个不会受到批评的缺点。

但这还是一个缺点。

你左手拿着一个调色盘，还有一把画笔，托腕棒使你避免了动作发抖和颜料溢出。然而，你却没有在画。你停了下来，你也一样。你看着自己。你看着我。等一会儿，你是会重新开始画？还是就保持这种没有画完的状态呢？你的调色盘、画笔差不多只有一个轮廓。在这一天，它们保持了这种状态。你的衣服也一样，被你忽略了：对你而言，很快的几笔就足以表现衣服的轮廓，让人想象衣服的织物。任何时候，总有一些忧郁的人会对关注表面和完美的作品感到遗憾。他们不会看瓜尔迪、戈雅①、杜米埃，也不会看那些通过严格要求以获得自由、通过服从规则以实现精确性的人。

你早已经受了考验。对你而言，从今以后，越来越接近最后的真理，最简单的真理。你浓密的花白头发告诉我：你不会再为梳头发而花费时间，不会再为任何无用的细节花费时间。这不仅仅是因为你不再认为那是必须的，也是因为你感到一种厌倦。向对别人一样，你和自己也拉开了距离。

你的身体，也一样，不再是原来的身体。一段时间以来，身体失职的情况越来越多；越来越虚弱，那是不会回头的放弃。

你的大衣比较宽松，但变得过于宽松了，你并不掩饰这种状况。你的肩膀日渐消瘦，衣料显得越来越肥。时间战胜了你的身材，也战胜了你的所有忍耐。"一种自然的力量"，你的朋友们这么说，他们应该会暗暗羡慕你。"一种自然的力量！"美丽的亨莉叶特是不会说出反对的话的，那些把希望寄托在你对工作的干劲上的人也不会反对的。

对于工作，你的热忱越来越弱。甚至消遣娱乐，你也逐渐放弃了。生活，渐渐地离你而去。你的身体逐渐虚弱，你的脚步也更加沉重，更加踯躅。你的手，甚至你宝贵的手也背叛了你。你还有多

---

① 弗朗西斯科·戈雅（Francisco de Goya, 1746—1828），西班牙画家，西方美术史上开拓浪漫主义艺术的先驱。——译注

少时间能够用稳定的动作画出类似的圆圈？你感到身上寒意升起。确实,九月已经开始起风了,太阳也显得越来越苍白,但是恶劣的并不仅仅是这个季节的天气。还有能量在消退。最初是一种轻微的寒意。接着是一种强烈的寒冷。你添加了衣服,往壁炉里扔进更多的木柴,但这些都没用:寒冷还在持续,它很顽固,说不清楚的不适正在显露出来,但你还没有意识到。

很快,你将感到自己仿佛一丝不挂。你退缩到自己的躯壳里,独自承受不适。夏天不会再来了,你预感到了,你的夏天再也不会来了,而且很快就无可避免地成为裸体,专业的或者友好的手在上面进行死者化妆的裸尸。

不过我话说早了。

我错了。

请原谅我。

你在那里,感谢上帝,还好好地活着,还站得很稳。

你刚刚画了一幅最令人伤心的自画像之一。

你什么也不承认。没有什么要承认的。

你只是表现。

你表现时间在你身上留下的痕迹。表现你身上衰弱的地方。但是,也表现你身上增强的地方。这是另一种力量,不是身体的力量。

沉默是必须的。

你要说的,已经说过了。

再没有要补充的了。

你要求自己保持沉默。

让别人也保持沉默!

我抬眼看向你。

有一刻,我觉得看到你显得有些惊讶。惊讶,为什么不呢?看到我还在这儿,竖在你面前,似乎无法离开你。

你以带着指责的目光询问我。

我感觉你在仔细研究我。

你在我身上寻找什么?你会找到什么?

在我身上,我体验到一种奇怪的空虚。我很担心。我本想送你一点东西。交给你一点东西。

我为这种空虚感到羞愧。

我因这种空虚感到遗憾。

也许我错了。

你只是显得有些忧伤。

你远离了我。

当然，我本应该走远，我也应该这样，走我的路，就像所有这些络绎不绝地从你面前走过，几乎不作停留，没有看见你，几乎没有认出你或者根本没有认出你的人一样，就像这位年轻的姑娘，她刚刚在问朋友你是什么人。我听到他们在我身后说话，我猜测他们是越过我的肩膀看你，她的朋友回答说："这是伦勃朗啊，笨蛋！"他们笑起来，他们应该是为他们自己高兴，他们没有再看你；我猜测他们已经走远了；他们没有停留，而我，我无法就这样离开，尽管有我所说的这种疏远，或者因为这种疏远，我本应该走了，把安静留给你，我知道，我本应该走开，静静地走开，像你一样，悄悄地走开，是的，但是我做不到。

第二十九章 永别

也许对话不再像以前那样是必须的。也许我们之间所有的词汇已经渐渐枯竭。

然而我依然听到他的声音。

这是一种长时间形成的奇怪习惯的结果吗？是他在对我做最后的叮嘱吗？还是别人代他在和我说话？

"走吧，"这个声音对我说，"不要再站在这儿了，你真可笑！走吧，离开这儿！我要对你说的，都已经说了。现在离开吧！你很清楚我永远不会回答你提出的问题。对我自己提出的问题，我都从来没有找到过答案，我又怎么可能回答你的问题呢？走吧！我对你说。我的生活，我的生活已经退出了大家的视线。你记得，在我完成这幅画的时候,还没有人提出:'真正的生活不在此处'①。这句话还要等两百年才有人说出来,但是我已经体会到了其中的含义,'真正的生活不在此处',将会是一位诗人对你这么说,我知道,他的时期将会到来,当你出生、长大、老去的时候,当你长途跋涉来到健伍德这座大花园的深处,来到我面前的时候,他的时间将会到来,我将很可能在这座花园中结束我的生命。'真正的生活不在此处',我未能用言语表达的,别人说出来了。我未能用言语表达的,我尝试用我的手、我的动作,在几支画笔、一些颜料或者铜板雕刻针的帮助下表达出来了。口头表达并非我的强项。也许就是因为这个我总是有点不信任言语表达。对于不擅长的事,人们总会有所怀疑。我的父母就觉得我沉默寡言,我生命中遇到的女士们常常抱怨我太安静。我不信任言语。我的职业不是言语。我的职业是影与光,是颜料和画粉,是石墨和铜板。我的职业是色彩和气味,是可以触摸到的材料,是画布和画笔。如果我的生命继续,我将依然需要做这些动作,但很快我将既没有勇气也没有力气再来完成这些动作了。我将放下调色盘、画笔和托腕棒。我将脱掉工作穿的衣服。即使还会走进我的工作室,那只是为了确认我没有把那里搞得太乱。我将透过窗户往外看,就像我一直喜欢的那样。我将看到这个世界上我最喜欢,并且一朝了解就从未离开过

---

① 法语原文是:La vraie vie est absente. 该句出自法国诗人兰波的诗集《地狱一季》。——译注

的城市的屋顶。我将看到我居住的城市的街道和运河。我将感受这座城市的喧哗,男人的叫声、女人的嗓门。我会任由我的思绪漂游。如果我感到冷了,我会尽量把小炉子生一点火,然后我就等着。我总是在等。我必须学会等待,掌握耐心这门难学的课程。我刻意修饰自己,以骗过我天生的急性子。我试着画出耐心:我在各个地方观察耐心,它使我着迷。这就是为什么我喜欢画老人,男的女的,画他们被岁月雕刻的脸,同时,我也让自己的脸经受这种长时间的练习。不过,讲得够多了。我的职业不是讲话,我再对你重复一遍。我要对你说的,都已经说了。你从我这里再也得不到什么。我要给你看的,已经都给你看了。走吧,现在,我的朋友,是时候了!我不是赶你。我鼓励你生活下去。走吧!你的孩子们在外面等着你。他们觉得时间已经很长了,太长了。他们在想你在这里做什么呢,为什么每次到博物馆你都要像这样落在后面。他们,已经在这里转了一圈了,走遍了城堡,所有的房间和走廊,而且已经很长时间了。他们感到不耐烦了,去吧,他们不会明白,去吧,我们会再见面——即使不能再见面,也没有关系,我们已经说了要说的。你还要继续过日子,爱你的孩子们,帮助男男女女和你的朋友们,还要过完一生,不要害怕。我的生命已经结束很长时间了,我尽我所能完成了工作,付出了努力,实现了自我完善。我停下了,你看到的。一切都有定时。我只是试着不要留下太多的混乱。走吧。圆圈是敞开的,那儿,在我的身后,如同某天早上孩子们在我面前围成的圆圈。要走向最简单,我的生命绝对不是多余的。你要走的就是这条路,你也是。不要害怕。走吧,我对你说。害怕毫无用处。走吧,你的孩子们在等你,还有孩子的孩子们。圆圈永远不会关闭。走吧。是时侯了。不要再回来,走,我知道你!走,不要再回头!"

伦勃朗传略

仅用几个日期是没法概括人的一生的。但是,在此回忆几个标志着伦勃朗生命中最主要的阶段却是明智的。它们可以为前文的读者提供一些有用的标记。我们只是放弃了提及其任何一幅作品:对其作品的介绍,众多的艺术类图书足矣。

伦勃朗1606年生于阿姆斯特丹以南城市莱顿。父亲哈门·凡·莱茵是磨坊主。在伦勃朗之前,他的母亲已生育了八个孩子。

走出校门,并接受了三年的绘画和雕刻教育之后,伦勃朗建立了自己的画室。

父亲去世(1630年)一年后,画家搬到了阿姆斯特丹,在那里,他开始了令人瞩目的创作,并且很早便出了名。订单纷涌而来。

二十八岁,他娶了莎士基亚。

一年后，他们的第一个孩子死了，刚刚两个月大。三年后，第二个孩子也死了，1640年，另一个孩子死去。接着，伦勃朗的母亲去世。

然而画家依然继续满腔热情地创作。

1641年，第四个孩子提图斯出生：他是唯一一个长到成年的孩子，但仍在伦勃朗之前去世。

三十五岁时，伦勃朗获得了巨大的声誉。他优越的经济状况是确凿无疑的：他热衷于收藏绘画、雕刻作品以及稀有物品；他买了一栋房子。

然而，1642年，莎士基亚去世了。

成了鳏夫的伦勃朗与儿子的保姆基尔杰·德西克斯同居。

难以忍受的时期。画家的创作十分艰难。整整七年，不断想表现自己的他似乎放开了自己的脸。

危机和痛苦。

1649年，他喜欢上了亨德利克，一位比他小二十岁的年轻、迷人的姑娘，并和她同居了。基尔杰·德西克斯不能原谅他的做法，以背信弃义和道德败坏为由起诉了他。她自然得到了大量的赔偿，但是也被关了五年监狱。

1656年（伦勃朗五十岁）起，伦勃朗在经济上陷入了极大的困境。破产似乎是不可避免的了。他的财产被清点，法庭将财产单交给他儿子监管。被剥夺了财产之后，他只剩下了温柔的亨德利克对他的爱，以及继续并且一直绘画的热情。

然而他宝贝而忠诚的伴侣于1663年去世，提图斯于1668年去世。

六十三岁的伦勃朗只继续生活了一年，于1669年10月4日去世。他的墓没有名字。

人们终将认识到自画像在画家生涯中所占的重要地位。共有八十多幅不同的油画、版画和墨水画自画像被确认为画家真迹并编入目录。

备注

作为此项工作的一部分，我收集了一些关于伦勃朗的作品。其中有1999—2000年伦勃朗自画像巡展时的展品目录，该目录于1999年由弗拉马利翁出版社（Éditions Flammarion）出版，题目为《伦勃朗创作的伦勃朗》。我也感谢斯基拉（Éditions Skira）和珈利玛（Éditions Gallimard）出版社出版的帕斯卡尔·波那佛（Pascal Bonafoux）的著作，以及马克思-波尔·富歇（Max-Pol Fouchet）的著作《阅读伦勃朗》（法国联合出版社 Les Éditeurs français réunis，1970年）。

最后，当我开始本书的写作时，又读到了西蒙·沙玛（Simon Shama）的杰作，散文《伦勃朗的眼睛》（塞伊出版社 Éditions du Seuil，2003年）。

弗朗索瓦·德布吕埃作品录

《共同的地方》，散文，拉日多姆出版社（L'Age d'homme），《金树枝》丛书，1979年出版。

《虚假的日子》，散文，拉日多姆出版社（L'Age d'homme），《金树枝》丛书，1983年出版。

《时间工作》，1978—1985诗集，拉日多姆出版社（L'Age d'homme），《金树枝》丛书，1985年出版，1986年获伊夫·沙玛奖（Prix Yves-Chammah）。

《朱迪特和奥勒非》，诗集，昂布朗特出版社（Empreintes），1989年出版。

《混乱的节日》，叙事故事，拉日多姆出版社（L'Age d'homme），《当代人》丛书，1989年出版，1990年获米歇尔·当唐奖，1993年，德语版由本齐格尔出版社（Benziger）出版，1995年以瑞士口袋书形式再版。

《夜之诗》，昂布朗特出版社（Empreintes），1992年出版。

《多愁善感的人与墙的对话及其他对话》，拉日多姆出版社（L'Age d'homme），《当代人》丛书，1994年出版，1999年以瑞士口袋书形式再版，1996年由弗朗索瓦·罗赛（Françoise Rochaix）改编成戏剧，并在沃韦大剧院演出。

《时间工作》、《朱迪特和奥勒非》、《夜之诗》合集再版，阿兰·勒维克（Alain Lévêque）序，昂布朗特出版社（Empreintes），《口袋诗集》丛书，1997年出版。

《耐心的面孔》，散文和诗，昂布朗特出版社（Empreintes），1998年出版，1999年获席勒奖（Prix Schiller）。

《阿尔勒凡之季节》，葡萄种植者的节日之诗，昂布朗特出版社（Empreintes），1999年出版。

《登船》，故事和诗，多瑞斯·雅库贝（Doris Jakubec）做跋，左伊出版社（Zoé），1999年出版。

《影子之屋》，七首诗和七幅克莱尔·尼古拉（Claire Nicole）的版画，昂布朗特出版社（Empreintes），2000年出版。

《光明诞生》，诗集，昂布朗特出版社（Empreintes），2001年出版。

《光之树》，七首诗和七幅克莱尔·尼德热（Claire Nydegger）的版画，贝尔当出版社（Perdtemps），瑞士圣普雷，2002年出版。

《现在》，记事体小说，拉日多姆出版社（L'Age d'homme），2002年出版。

《论忠心》,叙事故事,左伊出版社(Zoé),2004年出版。

合著:《与乔治·阿尔达的相遇》,随笔和见证文章,拉日多姆出版社(L'Age d'homme),1987年出版。

刚22岁
童年结束

23岁整
接触世界

24岁
什么更隐秘的痛苦?

24岁
乞讨

25岁
控制

26岁
吸引?

33岁
死鸟

34岁
衰老

36岁
已然?

53岁
审判，被审判

近60岁
笑，哭

60多岁
告辞